hello Me

(न कहानी, न क़िस्सा
बस हर स्त्री के जीवन का एक हिस्सा)

Cover painting credit to Shree Janakbhai Trivedi

Doodling arts credit to Ms. Saidaniya Ansary

hello Me

"A pilgrimage for the re-connection with the self"

Swati Gandhi

hello Me - audio book is available on
hellome.co.in

Spotify, You tube and Instagram ID
@guftaguwithswati

This one is for you, the li'l
Swati – my inner child
(refer: back cover)

A Story behind the front cover Painting

Painting By: Shree Janakbhai Trivedi.

Story provided by: Mrs. Sarojben Janakbhai Trivedi.

जब हमारे छोटे बेटे भट्टूर ने बोडकदेव सोसायटी में फ्लैट लिया, तो भट्टूर (सौमित्र) ने अपने बाजी से कहा, "बाजी, मैं आपके द्वारा बनाया गया चित्र अपने घर में रखना चाहता हूँ"। तो उन्होंने कहा, "तुम्हारे घर के लिए मैं, माँ सरस्वती का चित्र बना दूँगा।" तब जनक की खिजड़िया जंक्शन पर नौकरी थी।

जनकराय Education में से ढाई-तीन फीट खादी का कागज और रंग-रोगन का सारा सामान लेकर आए। और मुझसे कहा कि अब से मैं rest के दौरान नहीं आऊंगा, कभी-कबार तू ही चित्र देखने आती रहना।

उसने चित्र बनाना शुरू किया। उस दौरान बीच-बीच में, मैं आती-जाती रही। फिर एक दिन चित्र पूरा बन गया। और उन्होंने रंग सहित पूरे चित्र को पानी की टंकी में डाल दिया और उसे हल्के हाथों

से धो दिया। और ऐसा उन्होंने आठ से दस बार पानी से धीरे-धीरे धोया। धोने पे हर बार चित्र के रंग फैल जाते। फिर सूखने पे और एक बार रंग देते। एक दिन मुझे वो कॉल आ गया कि चित्र पूरा तैयार हो गया है, तो आज तू आजा। और मैं निकल पड़ी। मैं खिजड़िया पहुचीं, तो वे मुझे घर ले गए। खुशी और उल्लास के मारे, मैं टिफिन उनकी ऑफिस में ही भूल गई। फ़िर एक भाई जो जॉइंट वाला था, वो टिफिन घर पर छोड़ने आया। जनक बहुत खुश हुआ और मुझे चित्र से बहुत दूर खड़ा कीया। मैं तस्वीर को ध्यान से देख रही थी, तभी उसने मुझे अलग-अलग एंगल से तस्वीर दिखाई और कहा, "इसमें नया क्या है ?" मैं समझ गई कि हो न हो, ईसने कला में कला दर्शायी है। ठीक से देखने के बाद मेरा चेहरा लाल हो गया, तो वो समझ गया कि सरोज को एहसास हो चुका है कि अगर तस्वीर बोल रही है, तो समझना थोड़ा मुश्किल होगा। मैंने राय से कहा, "मास्तर, तुम पकड़े गए। तुमने हंस तो बनाया, लेकिन चोंच मोर की दे दी।" उसने कहा, "तु समझ गई।" खाने के बाद मास्तरने भट्टूर को कॉल करके बताया कि चित्र बन गया है। मैं कल अमरेली जाकर उसे frame करवा दूँगा। भट्टूर ने मना करते कहा, "बाजी, हम अपने तरीके से बनवा लेंगे। तुम सिर्फ़ चित्र ले के आ जाना।" उसके पिता ने कहा, "मैं इसका विमोचन करना चाहता हूं।"

और फिर जनक ने श्री रघुवीरभाई, हर्षदभाई त्रिवेदी, बिंदुबेन, रजनीकुमार पंड्या आदि को पोस्टकार्ड लिखें न्यौता भेजे बुलाया। हम दोनों, चित्र लिए संप्रत, सातवीं मंजिल पर भट्टूर के घर को पहुंचे। रसोइया आया। भट्टूर और गायत्रीने दावत में गुलाब जामुन, पूरी, मिक्स सब्जी, कढ़ी, पुलाव आदि बनवाए। घर में शुभ अवसर था। और उस अवसर की शोभा हमारा बड़ा बेटा - धर्मेंद्र बढ़ा रहा था।

मां सरस्वती को एक टेबल पर हल्के सफेद कपड़े से ढंककर रखा गया था और उनके बगल में दीप, माला और कुछ खुले फूल भी रखे गए। भाई श्री रघुवीर चौधरीने फोटो से चुनरी ली और दीप जलाया, फूल माला पहनाई और तिलक किया। फिर गायत्रीने सबको फूल दिए। जनक ने वहा पे मौजुद सभी मेहमानों को सरस्वती के इस चित्र की तस्वीर तोहफे में दी। इसके बाद तो सब ने लिज़्ज़तदार दावत का भरपूर आनंद उठाया और अंत हुआ आइसक्रीम के बढ़िया लुत्फ़ के साथ। पर अभी तो जश्न ख़त्म नहीं हुआ था। रजनीकुमार पंड्याने हेमंत कुमार की ग़ज़ल गाई, फिर गायत्री ने भी एक ग़ज़ल सुनाई। सबने तालियाँ बजाईं।

जनक को सबको इकट्ठा किए खाना खिलाने का बहुत शौक था। सभी खुश थे। और जनक तो इतने खुश कि पूछिए ही मत।

बस अब ऐसी खुशी और कहाँ ? जनक थे, तो मेरी ज़िंदगी लाल गुलाबी थी। जनक के बिना मेरी ज़िंदगी बेरंग है।

– सरोजबेन जनकभाई त्रिवेदी

Acknowledgement

ज़िंदगी के शब्दकोश में से मेरा सबसे पसंदीदा अगर कोई अल्फ़ाज़ रहा हो, तो वो है – शुक्रिया। बहुत छोटा सा लफ़्ज़, पर मायने larger than life कहे जा सकते हैं। और मुझे गर्व है कि अब तक की मेरी ज़िंदगी का हर पहलू इस इकलौते अल्फ़ाज़ पर कायम है।

मैं शुक्रगुज़ार हूँ पापा की, कि बचपन में उन्होंने मुझे फुलवारी, चंपक और निरंजन की एक ग़ज़ब की दुनिया में बहुत पहले ही छोड़ दिया था। तब तो उन किस्से-कहानियों के समंदर में गोते लगाने की मानो जैसे लत ही लग गई थी। और फिर बड़े होते कब ये लत मुझसे कोसों छूटती चली गई, पता ही नहीं चला।

लेकिन मैं ये नहीं जानती थी कि सिर्फ मुझसे वो छूट गया था, पर किस्से-कहानियों ने मुझे नहीं छोड़ा था।

कोविड में जब सब लोग डालगोना कॉफ़ी बनाने में मसरूफ़ थे, तब कहानियों से फिर एक बार मुलाक़ात हो गई। और इस बार ज़रिया बने डॉ. दिकपालसिंह जाडेजा। जो खुद एक बेहतरीन कहानीकार हैं। पूरी ज़िंदगी ही गुज़र जाती है, ये पता करने में कि हमारी रूह किसमें पलती है! शुक्रिया प्रोफेसर, मुझे ये एहसास दिलाने के लिए कि इन किस्से-कहानियों की दुनिया के साथ मेरा गहरा राबता है।

पर उस एहसास को एक खूबसूरत हक़ीक़त का अंजाम मिला Creativegarh से। एक ऐसी community, जो art और artist – दोनों को एक-दूसरे के क़रीब लाए। ताकि उनके बीच का वो divine connection आगे कभी बिखर ना पाए। Thank you so much Arun, for being a game changer in my life. And making a beautiful community, where the art can simply breathe.

देखिए, ऐसा है कि लोग मिलते गए, कारवाँ बनता गया। उसी Creativegarh ने मुझे ऐसे ही दो pillar of strength से मिलवाया – Mihika and Saidanya.

- Mihika – A beautiful soul, who enlightened me at every step of this journey.

She is that constant of my life, who made me learn to keep the balance in my highs and in my lows. ज़िंदगी में कुछ लोग miracle की तरह आते हैं। I'm so grateful to Mihika for being such a miracle in my life.

- Saidanya – My camphor pal. आज से तीन साल पहले, उसी Creativegarh में मैंने सभी के सामने

ये एलान कर दिया था कि whenever I'll write my first book, she would be the one who will do the doodling art in that. और अब ये चीज़ उस दिन मेरे मुँह से कैसे निकल गई, मुझे ख़ुद नहीं मालुम। पर हाँ, इस किताब के खूबसूरत और perfectly matched doodling arts उसी की देन है। And all I can say is, if manifestation has a picturesque frame, then this must be it. Thank you Saidanya for being the brightest lighting post in my journey.

ये क़िताब का सफ़र अधूरा रहता – मेरे दो अनमोल रतन के बिना – My betterhalf Mrunal and my loving daughter Riyanshi. These are the two people, who have not only supported me throughout the process but also provided the best of the environment possible, where the process blooms naturally.

सरोजबेन का शुक्रिया कि मुझे माँ सरस्वती की खूबसूरत पेंटिंग को क़िताब के front cover पे सजाने की अनुमति देने के लिए।

अब एक ख़ास दोस्त का नाम ज़रूर लेना चाहूँगी, जिसके बिना शायद ये किताब का आप तक पहुँचना नामुमकिन ही समझ लो।

Dear Ronak,

एक बेहतरीन दोस्त बने और मेरे साथ मेरे कर्तव्यपथ पर चलने के लिए तहेदिल से शुक्रिया।

And last but not the least, I'm equally grateful to all the naysayers, जिनकी हर एक "ना" मुझे आज एक और "हाँ"की ओर खींच लाई। हाँ, ये भी सफ़र का एक काफ़ी दिलचस्प पड़ाव रहा।

ये किताब सिर्फ़ किताब नहीं। एक सफ़र था। जो मुझे तय करना था। उस सफ़र में तीन साल लग गए। क्योंकि इन अल्फ़ाज़ों को मैंने सिर्फ़ लिखा नहीं, जीया भी है।

और हाँ,

आज पता चल रहा है कि ये किस्से-कहानियों की ही लत मुझे फिर से क्यों लगी। The universe and Maa Saraswati has chosen me to channelize this through me. मुझको मुझ ही से मिलाने के लिए उनका शुक्रिया बस इस एक लाइन से,

"तुभ्यमेव समर्पये।"– तेरा तुझको अर्पण।

Hope this book helloMe, reconnects and rediscovers you to yourself as much as ithas done to me.

जल्द ही मुलाक़ात होगी।

अभी के लिए बस कुर्सी की पेटी खोल दीजिए।

और self-love के आजीवन सफ़र के लिए तैयार हो जाइए।

– With love and light,

Swati Gandhi

Foreword

I first met Swati at a retreat , I facilitated in May 2022- a space designed for people to pause, reflect, and reconnect with themselves. Among the many voices that shared their stories that week, hers stood out—a voice that carried both a quiet strength and an unspoken struggle, a voice that was beginning to remember itself.

It was during those days of deep introspection and honest conversations that the seed of this book was planted. Hello Me is more than just a collection of thoughts; it is an invitation, a homecoming, a revolution in its own right. It is the journey of a woman who has dared to turn inward, to listen to the whispers of her own truth, and to reclaim the parts of herself that the world had asked her to abandon.

At its heart, this book is about self-love—but not the kind that is merely a soft whisper of affirmation. It is about the self-love that stands its ground that wrestles with doubt and shame, that questions inherited beliefs, and that chooses itself even when the world says otherwise. It is about the battle between resistance and surrender, the weight of patriarchy on a woman's spirit, and the quiet but powerful uprising that happens when she decides to break free.

Swati writes with raw honesty and an unwavering commitment to truth. Through her words, she captures the complexity of a woman's inner world—the fears, the longing, the guilt, the rebellion and ultimately, the light that emerges when she dares to step into her own power.

Reading Hello Me feels like sitting across from a dear friend who sees you, truly sees you. It reminds us that self-love is not just a feeling but a practice, not just a comfort but a confrontation. It is the act of continuously choosing ourselves, of saying, "I am worthy," not just on the good days but on the hardest ones too.

If you have ever felt the weight of expectations pressing against your soul, if you have ever longed to meet the version of yourself untouched by fear and conditioning, if you have ever questioned, "Who am I beneath it all?"—then this book is for you.

I invite you to turn the page and walk alongside Swati on this journey. May it awaken something in you. May it remind you that your voice matters, that your truth is sacred, and that, above all else, you belong to yourself.

With love and light,

– Mihika Roy

About the Book

What this hello Me 💙 book is all about?

ज़िंदगी में ऐसी कई चीजें, लोग, जगहें और लम्हे हैं, जिनसे हम बेहद प्यार करते हैं। पर अफ़सोस कि इस रोज़मर्रा की आपा-धापी में हम एक अहम चीज़ भूल जाते हैं – और वो है खुद से बेशुमार प्यार करना।

ज़िंदगी के किसी हसीन लम्हे में हम ये खुशी-खुशी तय तो कर लेते हैं कि हाँ, आज से, बल्कि अभी से, हम खुद से इश्क़ लडाना शुरू कर देंगे। पर शायद थोड़े ही दिनों में ये जज़्बा दम तोड़ देता है।

तो इस खुद से रु-ब-रु होने की राह पर हमें कुछ ऐसे ज़रिए चाहिए, जो समय-समय पर हमारे इस जज़्बे में जान डालते रहें।

ये किताब एक छोटा सा ज़रिया है – आपका अपनी रूह से राब्ता बरक़रार रख पाने का।

और शायद इसे रोज़ सुनने की ज़रूरत भी नहीं। मगर हाँ, ज़िंदगी के किसी पड़ाव पर, जब आपको लगे कि चुनौतियाँ, डर, झिझक, लोगों की अपेक्षाएँ, खुद ही पर खींची लक्ष्मण रेखाएँ – आपका बेसब्री से इंतज़ार कर रही हैं – तो उम्मीद के साथ एक यक़ीन भी है कि ये

किताब आपको 250 ग्राम self-love और स्वादानुसार हिम्मत एवं हौसला जुटाने में एक सहारा ज़रूर बन पाएगी।

इस किताब में 4 segments है। चारों segments की शुरुआत में उनका एक छोटा सा introduction दिया गया है। और उसी के साथ एक magical doodling art भी रखा है। Magical इसीलिए क्यों की, segment की शुरुआत में पढ़ने पर वो खूबसूरत दिखेगा पर वही doodling आर्ट segment के ant में पढ़ने पर meditative लगेगा। तो मेरा वाचक से अनुरोध रहेगा कि दोनों ही बार इन पर reflect ज़रूर कीजिएगा।

अब 4 segments के कुल मिलाय 52 contents है। हर content के नीचे homework के तौर पर कुछ सवाल रखे गए हैं। हाँ, मैं थोड़ी old-school type हूँ। मेरी दरख़्वास्त रहेगी हर एक reader से कि आप उन सवालों पर ख़ास ग़ौर फ़रमाइए। Because I believe that helloMe is more a self-help book than merely a self-love one.

आपको रूहानी नाच और उसकी ऊँची उड़ान की न सिर्फ़ शुभकामनाएँ, बल्कि advance बधाइयाँ भी!

In full faith, so be it ✦

– With love and light,

Swati Gandhi

Contents

Know Yourself

आईना एक प्रमाण है, बाहरी खूबसूरती का।

काश कि हम उसमें भीतर झाँके, अपनी रूहानी खूबसूरती भी देख पाते!

"Know yourself" एक छोटी सी कोशिश है, खुद से ज़रा सी जान-पहचान बढ़ाने की।

1

बेबाक़ - is the real beauty

कोई तेरे लिए चाँद - तारे क्यों लाए ?
जब कि तेरी असल झिलमिलाहट तो है, तेरे सपनों की चमक से।

सोना तो मोना को चाहिए था ना, तू कब से उसके पीछे होने लगी!
तू बस रोज़ ही लोहा (iron) चखती रहे,
चूँकि, अनमोल तो तू पहले से ही है और लोहे से बनी रहेगी।

तिजोरी की चाबियों के गुच्छे पर इतना गुमान ना कीया कर, मेरी जान,
तुझे ये मालूम होना चाहिए कि इन चाबियों से तेरी आज़ादी पे लगा
ताला खुलने से रहा।

Fair and lovely या कोई केसर-बादामयुक्त साबुन क्या संवारेगा
तुझे ?
अरे, तू तो ठहरी ख़ुद ही कस्तूरी,
बस अब वक़्त हो चुका है - ख़ुद की ख़ुशबू से साझा होने का।

सच पूछो, तो ये दुनिया डरती है तुझसे।

इसलिए तो तुझे इन रीति-रिवाज, मान-मर्यादा और रवायत के तौर-तरीक़ों का लिहाफ़ ओढ़ाए बड़े ही नाज़ों से संजोये रखा है।

अरे झल्ली ,

तुझे तो ये भी कहा ख़बर है कि तेरी सबसे बड़ी नेमत क्या है?

वो है तेरी - too muchness, और इसे तो हर हाल में संभाले रखियो।

एक राज़ की बात बताऊ?

सबसे पहली चीज़ यही चोरी होती है। भई - इतनी क़ीमती जो ठहरी। और चोर का तो पूछना ही मत! बहोत शातिर है वह। किसी ने देखा नहीं अब तक। पर नाम सभी जानते है - समाज।

हा, समाज नाम है उसका।

सदियों से यही है, जो too muchness चुराए जा रहा है। पर किसी को कानोकान खबर तक नहीं लगती। और यहा तक की, जिसकी ख़ुद की ये संपति चोरी हुई हो, उसको तो ज़रा सी भनक भी नहीं रहती।

और हां,

अब अगर मकान को घर बनाते-बनाते जब कभी थक जाओ ना तुम, तो अब फिर से कहीं ओर ना चले जाइयो। बल्कि इस बार आ जाना ख़ुद के पास।

तेरा अपना घर - तेरा अपना वजूद भी तो सालों से तेरी ही तलाश में है। और अब उसे जी-जान से संवारना सिर्फ़ तेरी ज़िम्मेदारी है।

मैं जानती हूं, बिलकुल बेगुनाह है तू इस खेल में।

क्यों की, कुछ ज़ंजीरे दिखती नहीं ज़माने की,

और जब दिखती ही नहीं, तो तोड़े कैसे?

पर २ लफ़्ज़,

बस २ ही लफ़्ज़,

श्रद्धा और धैर्य - वो दिन आयेगा, जब ये अदृश्य सी बेड़ियाँ दिख भी जाएगी और टूट भी।

पर याद रहे - टूटना इस बार सिर्फ़ और सिर्फ़ बेड़ियो को है, तुझे नहीं।

और आख़िर में,

रसोईघर में तड़का तो तू रोज़ ही लगाती है।

तो अब से ज़रूरत पड़ने पर ज़रा सा ज़िद्दीपन का तड़का अपने पे भी डाल दिया कर। वो क्या है ना कि बिना तड़के की चीज़े अधूरी सी लगती है। और तुम्हारी तो ज़िद ही तुम्हें मुकम्मल करेगी।

*****

सवालो का सफ़रनामा :

1. List out all your barriers. ऐसी कौन सी चीज़ें है, जो तुम्हे - अपने आप को महसूस करने से रोकती है?

2

Strange but True

Have you ever noticed my dear that everything comes with a price for you?

What you put on the table that defines you.

Strange but true!

You're in the middle of your chores,

And holy shit! The guests arrive at the door, all out of the blue.

Strange but true!

The crow felt thirsty. And so as he managed to sip water. The fox felt hungry and he managed to snatch the puri from the crow's mouth. So, what those thoughtful stories are all about!

Feel it, crave it and have it.

As simple as that.

But we! We have mastery in complicating our emotions.

If tired, instead of the much needed rest, we work like a donkey.

If sad, instead of a good whine episode, we hide our sadness and wear the happiness ASAP.

And in case, if happy, नज़र न लग जाए, हाय!

So, obviously an inner self gets confused and doesn't get an exact clue.

Yes, these all dramas sound very strange but true!

In the world full of 8 billions, who believe that they all are living creatures. But the fact is - they live rarely, except the few.

And most of the time, it's rather seems to be just a surviving crew.

Strange but true!

Almost it's your idea, your hard work, your dedication th'gh out the project,

And in the last moment, you had to fumble it up with the - "oh, it's a great team efforts and I was just a part of it." :)

And your much deserved recognition is just staring at you again, somewhere far away from a long queue.

Strange but true!

You make all the delicacies for everyone.

But in this process of making since the years, are you really aware with your choices and likings? Do you like the chocobar filled up more with the vanilla inside or do your tastebuds have a soft corner for the chocolate filled frostiks?

So, my darling, the personal choices and the customised likings are essential to make, if it's still due.

Yes, it's strange but true!

You already know that you look super hot in your LBD in an entire party, as you have checked yourself, at least 20 times before your exit,

But you still need eyes to check on you ;)

Strange but true!

In the daily routine of yours,

One can easily see a colorful shade card of various moods in you.

Ranging from - bechari to bitch, ek abla naari - jo hai sab pe bhari. And yes, vice a versa,

And it's almost the same, nothing new.

Still the tantrums are a treat to view ;)

Isn't it strange but true!

Gone are the days, where Cinderella should worry about her - one prince, one party and the one shoe.

Now, the days are runneth up with the fresh varieties of some new.

Strange but true!

Now, tell me just one thing, from which, I listed here, which is not true!

As I just compile and elaborate everything - that you already might knew,

But still, it is absolutely something so strange but very true!

*****

Activity :

1. It's time to celebrate your weirdness. Show your weird moves, sing some songs with the high pitch, do some random mimic, make some quick quirky art, write something ऐवे ही। In short, anything with just full on weirdness will work.

3

Evergreen hustle

सदियों से तुम जो ये "हमारी मांगे पूरी करो" के नारे लगाए फिरती हो! हाये, एक बेचारी अबला नारी - का चोला पहने घुमती हो! तो मुझे ये बताओ ज़रा, इतना सारा बोझ कंधो पे ढाए, थक नहीं जाती तुम?

और हां, ये पूछना तो रह ही गया, वैसे मांगे है क्या तुम्हारी?

गहने-ज़ेवर, घुमना-फिरना - वही ना, जो तक़रीबन एक अरसे से चली आ रही है।

अरे क्या तुम भी! पुराने चिट्टे खोले बैठ गई! ये 21वी सदी है, 21वी - तो अब मांगे भी उसी के हिसाब से हो रखी है। ठीक है!

अच्छा, बढ़िया है, फिर वही बता दो।

तो वही ज़रा छोटी-मोटी सी ही है - honesty, time, loyalty, respect and motivation.

अरे वाह, मानना तो पड़ेगा, दिलचस्प है सारी की सारी।

मुझे एक बात बताओ, आख़िर ये सारी मांगे है किससे तुम्हारी?

अरे, लोगों से और किससे भला?

थोड़ी-बहुत पति से, कुछ घरवालों से, कई सारी तो दोस्तों से ही, माता-पिता से भी तो बहुत सारी...

अच्छा, अच्छा, मतलब अपनों से, है न!

हम्म... बिल्कुल अपनो से।

फ़िर तो... मुश्किल है! इन मांगो का पूरा होना।

क्यों?

क्यों की.. मेरी जान... पता ही गलत है। तुम गलत जगह आस लिए बैठी हो कि तुम्हारी मांगे लोग पूरी करेंगे।

मतलब ?

अब तुम पहेलियों में बातें करना कब से सीख गई, हां ? सीधे-सीधे बताओ ज़रा।

ठीक है फ़िर, सीधा ही सुन लो। मांगना आख़िर पड़ता ही क्यों है तुम्हें?

ये जो वक्त है, तुम जिस किसी से भी मांग रही हो, क्या कभी ये सोचा है कि असल में वे, खुद को सही से वक्त दे पाते हैं? नहीं ना! ठिकाना ही गलत है।

ये जो "honesty is the best policy" का phrase बचपन से सुनते आए हैं और तुम्हारी एक मांग भी है कि लोग ईमानदार होने चाहिए। वो लोग, जो ज़्यादातर backbiters याने कि पीठ पीछे बुराई करने में माहिर हैं। मतलब एक मौका नहीं छोड़ते, पीठ पीछे बातें करने का। और मजाल है, कभी अच्छी बात भी निकली हो मुँह से!

अगली मांग है, motivation की। तो जहां लोगों को खुद के बारे में पता नहीं कि वो ख़ुद क्या है ? तुम अपने motivation की आस लिए उनके पास चली गई!

अब loyalty का तो ऐसा है कि दूध का धुला तो कोइ है नही यहां पर। तो फिर वफ़ा को तो अभी bonus point ही समझ लेते है।

और बात रही respect की, तो जो लोग ये कहते हैं - अब तुम बदल गई हो, पहले जैसी नहीं रही। ज़्यादातार वही लोग होते हैं, जिनसे अक्सर ये सुनने को मिलता है कि मुझे तुम्हारी ये आदत पसंद नहीं, बदल लो। ये बात फ़िज़ूल लगती है, नज़रिया बदल दो। Dressing sense ठीक नहीं, थोड़ा उसपे काम करो। ठहाके 50 decibels के दायरे में रखो। So, again wrong address.

तो फ़िर, इन सारी मांगो के लिए सही ठिकाना कौन सा रहेगा?

सही ठिकाना हो तुम खुद।

तो क्या हुआ अगर रिश्ते छूट जाए, लोग पसंद भी न करे, बात न बन पाए।

आइने में देखे, तुम्हारा खुद को पसंद करना - ज़्यादा ज़रूरी है।

रूह में झांके उस नायाब रूह को हर वो नज़र और नज़रिये से बचाना - ज़्यादा ज़रूरी है।

ज़्यादा ज़रूरी है कि तुम इस अपनों की आपा-धापी में गुमशुदा ना हुए, अपने सपनों की राह तुम ख़ुद तय करो।

लोगों का तुम्हें वक्त देने से ज़्यादा जरूरी है तुम्हारा खुद के लिए वक्त निकाल पाना।

लोगों के सम्मान से ज़्यादा मायने रखता है, अपने वजूद को तराशना और अपने जज़्बे को सलाम करना।

अंत मे, सबसे ज्यादा कुछ भी अगर जरूरी है, तो वो ये कि... अपने इस चरित्र से इत्र की तरह महक पाना।

और हां, ये सब मांगना मत कभी। क्यों कि, हकदार हो तुम इसकी।

*****

सवालों का सफ़रनामा :

1. क्या तुम ख़ुद के लिए रोज़ाना वक़्त निकाल पाती हो?

2. अगर "हा", तो वो वक़्त कैसे बिताना पसंद करती हो?

3. और अगर नहीं, तो सोचो की ख़ुद की ख़ुशी के लिए वक़्त क्यों नहीं निकाल पा रही?

4

जानलेवा हो तुम

तुम वो परिंदा हो, जिसको एक ख़ुशमिजाज़ गीत के साथ नवाज़ा गया है।

तुम वो फूल हो, जिसे महक नसीब हुई है।

तुम वो किरण हो, जिसे हर सुबह आसमान का सबसे पहला प्यार हासिल होता है।

तुम वो सितारा हो, जो अपने आख़िरी दम तक ख्वाहिशें पूरा करना अपना फ़र्ज़ समझता है।

तुम वो समंदर हो, जो ज्वार-भाटे में बटने पर भी, अनगिनत लहरों का सदा मालिक रहा है।

तुम वो पत्ता हो, जिसे अपनी ही मिट्टी में मिल जाने का सौभाग्य प्राप्त हुआ है।

तुम वो 0 हो, जो किसी भी अंक के पीछे जुड़े उसकी क़ीमत बढ़ा देता है।

तुम बरसात की वो बूँद हो, जिससे मोती का तो पता नहीं, पर फ़सल तो ज़रूर लहराती हो।

तुम गांधीजी के वो चौथे बंदर हो, जो बाकियों के - आँख, कान और मुँह बंद होने के कारण हुई गलतियों से रोज़ ही सीखते हो!

और अंत में, तुम साधारण ही सही, पर तुम - "तुम" हो। और फ़र्क़ बस इसीसे ही पड़ता है कि तुम - मैं नहीं, कोई ओर भी नहीं। इस पूरे ब्रह्मांड में सिर्फ़ एक "तुम" ही हो और तुम्हारा यही "तुम" - तुम्हारे लिए काफ़ी है। :) तो तुम अपने इस "तुम" को कभी ज़ाया मत होने देना।

क्यों की,

तुम उसके गुरूर हो, तुम ही उसके सुरूर भी।

तुम उसकी जीत हो, हार भी तुम ही।

तुम उसके मान, तुम ही शान हो।

तुम उसके सपने, तो अपने भी तुम ही हो।

और मेरी जान, तुम उसकी जान भी।

और ये जो तुम्हारा कुछ ना हुए सिर्फ़ "तुम" होना है न, वही जानलेवा है! जिस दिन सारे चोले और मोहरे छोड़े, ये "hello Me" का लिबास अपनाओगी न, क़हर ढाओगी पूरा! केह देती हूं।

*****

सवालों का सफ़रनामा :

1. What do you think, who are you?

5

Men in Love Vs. Men in Care

"Men in love" - is the world's most exaggerated phrase. Yes, we do like "men in love". And it's no harm in liking them as such. But, let me share the fact - that - actually our hearts always beat a li'l more for the "men in care".

So, here it tells how?

Men in love tend to bring flowers, which give fragrance hardly for 2 days.

But, the men in care never say no to bring the wheat flour from the chakki, which is more essential.

Men in love actually wait for those 2 special days in the calendar - better half's birthday and anniversary to celebrate lavishly.

But, the men in care make every single day special by being a helping hand at home and make weekends even special with the household chores and groceries shopping.

Men in love has tendency to press boobs and butts in those very intimate timings.

While, men in care don't miss to give a gentle massage of back and legs during the menstrual days.

Men in love say I love you more often, especially in bed.

But, men in care prefers numerous ways to express their love rather than just speaking it. Like, they make sure that the better half had taken their medicines by giving them into her hand only. ;)

Men in love book an exotic holiday for his loved ones to spend a beautiful time together.

But, men in care, actually take care of their loved ones by sparing his valuable time every single day, even if it's just for 20 mins. Because he knows this one adds more value.

Men in love mostly do complaints and perhaps not grateful even.

While, men in care always give compliments, even if it's just for a simple चाय। Their beings are full of grace and gratitude.

Men in love believe in making partner feel special by taking her to a restaurant.

While, men in care believe in making partner feel comfortable by making dal-chaval at home.

In short,

Men in love speak more.

While, men in care listen more.

Men in love.

Well, these species are designed in such a way, that it's kind of a very fast release drug. Expiry is hardly of 10 years. They most probably start with the flood of love in the courtship and then eventually habituate with the reality. Ultimately the love resides somewhere under the searching light.

While, Men in care - are of sustained release drug. Slow and steady release of love and a lot of care for a larger than life period span.

So basically,

Men in love, say I love you forever.

And men in care, show I love you forever.

*****

Questions :

1. So what is your preferred choice? Men in love or men in care?

2. And why?

6

श से शुरू

जानती हूं, अच्छी तरह से जान चुकी हूं कि तुम सब कुछ कर सक्ती हो - सभी कुछ। पर एक काम तुम्हारे बस का नहीं - ख़ामोश रह पाना। चुप्पी साध लेना। मगर आज तुमने वो भी कर दिखाया। आख़िरकर, तुम्हारी अनगिनत शिकायतों ने दम तोड़ ही दिया। और वो भी, ख़ामोशी के शोरगुल के सामने।

चलो अब ख़ामोशी का जश्न मनाते है। जो बात किसी से कह ना सके, उसे दिल में ही दफ़न कर आते है। महज़ यही तो चाहती है न दुनिया तुमसे!

झिल्लतों के सामने - श श श श

बेइज़्ज़ती में भी - श श श श

बलात्कार, marital rap, domestic violence - श श श श

पता है, ये हर बार इस "श श श श" की आवाज़ में तुम अक्सर एक ज़रूरी बात भूल जाया करती हो। और वो ये कि "श श श श" is an initial sound pronounciaton of the word "शुरू"। तो श श

श श से - शुरू भी हो सकता है। तो क्या हुआ अगर अभी तक नहीं किया! आज से - अभी से कर सकते है "शुरू"।

ज़िल्लतों के सामने अपनी आवाज़ उठाना - शुरू।

बेइज़्ज़ती का अस्विकार- शुरू।

बलात्कार में तुम दोषी नहीं, सामनेवाले को गुनहगार समझना और उसे सज़ा दे पाना - शुरू।

Marital rap में "ना" बोल पाना - शुरू।

Domestic violence के सामने ख़ुद ही हथियार उठाना - शुरू।

तो आज से और अभी से - जो तुम असल में हो, याने कि शक्ति - वही बन पाना - शुरू और बाक़ी सभी को - श श श श!

*****

सवालों का सफ़रनामा :

1. वो कौन सी ऐसी एक शुरुआत है, जो तुम एक लंबे अरसे से करना चाहती हो?

P.s.

तो आज से, अभी से हुई इस "शुरुआत" की advance में ढेर सारी बधाइयाँ। :)

7

क्या हालचाल

अच्छा सुनो,

आज तुम्हें कुछ कहना था।

ये जो तुम - क्या हालचाल?

के जवाब में हर बार ये फ़ीका सा सुना देती हो न कि, "दिन तो जैसे शुरू होते ही बस ढल जाता है। आज-कल कुछ ख़ास नया नहीं होता। और इस रोज़मर्रा की हड़बड़ी में, मैं तो पता नहीं कहां खो जाया करती हूं!"

अरे, ऐसे कैसे तुम्हे गुम होने देंगे! तुम ख़ास हो, तो तुम्हें तराशना भी ख़ास लम्हों में पड़ेगा। है ना! :)

ये जो तुम खाना बना रही हो न अभी, हौले-हौले धीमी आंच पे, कोई प्यारी सी धुन गुनगुनाती, तड़के की सौंधी सी महक लेती,

बस... एकदम ही picturesque moment है ये तुम्हारी।

और वो जो जनवरी में शॉल बुनना शुरू किया था, याद है ? आधी-अधूरी बेचारी वो अभी तक तो अलमारी में सबसे नीचे के shelf में पहुँच गई होगी। पर वो शॉल की ऊन, सुइयों से मिले जब तुम्हारी उँगलियों से उलझती थी, तब उसकी एक -एक सिलाई पे जाने क्यों - पर तुम सुलझती रहती थी।

अभी परसों जब बगीचे में पौधों को सहलाए, खाद डाल रही थी। तब तुम्हे शायद मालुम नहीं, पर पौधे, फूल, कलियाँ, तितलियाँ - सब तुम्हे देखकर इठला रहे थे।

जानती हो क्यों?

क्यों की, आम तौर पर जैसे सब के साथ तो अक्सर तुम कोई और ही होती हो। लेकिन परसों, उन सब के साथ, तुम कोई और नहीं - सिर्फ़ तुम थी। हां, वो फूलों से महकता बगीचा ज़रूर था पर उसमें चहकती हुई - सिर्फ़ तुम।

अभी जैसे शाम को ही बेटी के साथ जब तुम आमचुरी - चप्पाचुरी खेल रही थी, तब तुम एक माँ के साथ-साथ उसकी एक प्यारी सी सहेली भी बन गई थी। जो रफ़्तार से बोलने पर अपने ही अल्फ़ाज़ो में लड़खड़ाया करती थी। लेकिन, दरअसल वो तुम्हारी गुमशुदगी भी तुम दोनों को हसी के फव्वारों तक ज़रूर छोड़ आती थी।

जब भी कुछ पुराना सा देख या चख लेती हो, फिर चाहे वो छोटी सी टॉफी ही क्यों न हो! जो बचपन में तुम्हारे रोज़मर्रा का हिस्सा हुआ करती थी। उस टॉफी को देखते ही तुम्हारे ख़ूबसूरत चेहरे पे

nostalgia की जो मुस्कुराहट दस्तक दे जाती है न - बस उस मुस्कान में तुम हो।

आज सुबह जब श्री कृष्ण के लिए फूलों की माला बना रही थी, एक-एक फूल को धागे में पिरोती कितनी बातें कर रही थी तुम उनके साथ! उसमें दर्ज थी - थोड़ी शिकायतें, थोड़ा शुक्रिया और ढेर सारा अपनापन। और उस अपनेपन में दर्ज थी - तुम।

पति के tiffin में अलग-अलग सब्ज़ी-रोटी के साथ, सबसे नीचे के डिब्बे में रोज़ ही रखी - गुड़ की डाली हो तुम।:)

सुबह-शाम रसोईघर में महकती एक कड़क चाय की प्याली हो तुम।

सब्ज़ीवाले के साथ मुफ़्त के धनिये में भी मीठी सी बहज़ छेड़नेवाली भी तुम।

तो वही, बाइ के लिए रोज़ ही extra खाना बनानेवाली भी तुम।

घर में सबसे ज़्यादा बच्चों की । love you सुननेवाली भी तुम।

और हां, शायद सुनानेवाली भी तुम।

कहा था न मैंने, तुम ख़ास हो।

हां जी, तो अब बताइए,

क्या हालचाल? :)

*****

सवालों का सफ़रनामा :

1. आज के वो ख़ास लम्हें कौन से थे, जिसमें तुम - तुम थी?

2. तो क्यों न आज, उस ख़ास लम्हें को शुक्रिया अदा करता हुआ एक ख़त लिखा जाए!

3. अब ज़रा उन चुनिंदा लम्हों का list बनाया जाए, जिनमें तुम - सिर्फ़ तुम होती हो।

8

ए आज़ादी, तेरा शुक्रिया

ए आज़ादी, तेरा शुक्रिया।

तूने घर के बाहर कदम तो रखने दिया,

लेकिन शाम के 7 बजे तक!

कमाने की हामी भी भर दी,

मगर appraisal में, वही gender bias भी लगा दिया।

फ़िर भी, ए आज़ादी, तेरा शुक्रिया।

तूने - मायका और ससुराल - दोनों ही घरो में बड़ी ही ख़ूबसूरत दहलीज़ दी,

लेकिन दोनों ही दहलीज़ पे, नजाने क्यों, एक अदृश्य सी लक्ष्मणरेखा भी खींच दी!

फ़िर भी, ए आज़ादी, तेरा शुक्रिया।

शुकर है, इस बार, ख्वाबों में तो ज़रा सी भी कंजुसी नहीं की तुने,

संघर्ष के साथ, सपने मुफ़्त मुफ़्त मुफ्त - बस बेच दिए हर किसी को।

ख़ैर, चूक तो हमसे हो गई, जो उस सपने की उड़ान पे *t&c का एक छोट्टू सा tag ना देख पाए!

फ़िर भी, ए आज़ादी, तेरा शुक्रिया।

खाना बनाना ejee नहीं है, It's an art. पूजा है पूजा। अभी से सीख लो। मालुम है, पति के प्यार का रास्ता पेट से होकर जाता है। यही तो सुना बचपन से।

जब खाना बनाना, खिलाना सब मुफ़्त में होता है,

तो फ़िर ख़ानाबदोशी पे हर बार अनुमति का थप्पा क्यों चाहिए होता है ?

फ़िर भी, ए आज़ादी, तेरा शुक्रिया।

तुने एक लड़की की नायाब ज़िंदगी तो ज़रूर दी।

पर उस नारित्व का क्या, जिसे हर रिश्ते में अग्निपरीक्षा देना - अस्तित्व की एक बुनियादी ज़रूरत बन जाए!

अगर बेटी हो, तो पढ़-लीख कर कुछ बनने की - बीवी हो, तो कमा के हाथ बटाने की - बहू हो, तो ज़िम्मेदारियों की चाबियाँ संभालने की - और अगर माँ हो, तो एक magical superhero की।

तो सवाल ये है कि क्या मेरा अस्तित्व कभी सिर्फ़ "मेरे होने" का भी जश्न मना पाएगा ?

हां, ज़रूर मना पाएगा।

क्यों नहीं मना पाएगा, जश्न तुम्हारे होने का ? तुम बस ये झुठी आस छोड़ दो कि सभी तुम्हारे साथ सिर्फ़ "तुम्हारे होने" का जश्न मना रहे हो। तुम अकेली भी तो मना सकती हो। और वो भी अभी। असल में देर तो तुम कर रही हो। कुछ बनने का, कुछ कर दिखाने का जज़्बा तुम में default ही था। सोचो इसीलिए तो तुम्हे चुना गया होगा। एक नये जीव को जन्म देने के लिए।

रही बात ख़ानाबदोशी की, तो कोइ कितना भी यायावर बना फिरे, घुम-फिरे आना तो उसे अपने घर ही है। और तुम तो नाहि घर का सच जानती हो, बल्कि उसे दिल से अपना भी चूकी हो। याद है, बुद्ध जब घर वापस आए, तो यशोधराने यही दोहराया था कि तुमने जिस सत्य की खोज़ के लिए घर छोड़ा, वो सत्य तो मुजे घर में ही आत्मसात् हो गया।

ये जो सपने दिए है तुम्हे, अगर संघर्ष के इत्र की 2 बूँद भी उसपे गीरा दोगी, तो सच्ची में महक उठोगी। कह देती हूं - क़हर ढाओगी पूरा।

मायके और ससुराल की लक्ष्मण रेखा अपने आप हट जाएगी, अगर एक बार भी तुमने ख़ुद पर खिचीं सीमा या दायरों को लांघना सीख लीया तो।

बस ज़रूरत है, तो सिर्फ़ चुनौतियों की, ग़लतियों की, अग्निपरिक्षाओ की। जिसमें से तुम निखर के बाहर आ सको और ये कह सको कि -

ए आज़ादी, तेरा ढेर सारा शुक्रिया, जो तू मुजे मिली तो सही, मगर हर बार कुछ अधूरी सी।

*****

सवालों का सफ़रनामा :

1. अपने किन खयालों से तुम आज़ाद होना चाहती हो?

9

अच्छी लड़की थी वो

ख़ैर, अच्छी लड़की थी।

शांत, सरल स्वभाव, बहोत संजीदा, कभी किसी से भी कोई अनबन नहीं। घर के सामने ही तो घर था उसका। घरेलु काम अच्छे से निपटा लेती, बच्चों को भी सही से पाल लेती। अरे, पालने से याद आया। नीति-नियम भी तो थे घर में। और वो भी ढेर-सारे। जो अच्छे से, बिना किसी चूक के, पालने होते थे। पर वो कर लेती थी। सभी कुछ कर लेती थी। क्यों की, बताया न! अच्छी लड़की थी।

नियमों की list तो ख़ैर बहोत लंबी थी। पर थोड़ी highlights बता देती हूं। जैसे की वो 3-4 दिन तो बस घर के मंदिर से दूर ही रहने वाला scene! क्यों की, असल में श्री कृष्ण तो सिर्फ़ द्रौपदी को मिलने जा सकते है, ख़ास करके जब वो periods में थी। अब ये तो द्रौपदी थी नहीं! पर उसे तो इस बात से कोई लेना-देना ही नहीं था जैसे। क्यों की, हां जी, कैसे भूल गए ? अच्छी लड़की थी वो।

Weekend के अलावा बाहर नहीं जाना और अगर हुआ भी तो महीने में एकाद बार। यु ही, बच्चों को पासवाले बगीचे में घुमाने। हां, नुक्कड़ से सब्ज़ीवाले तक हफ़्ते में 2 बार जा सकती थी। बच्चों को भी school छोड़ने जाना allow था वैसे तो। छुट्टियों में माँ के घर जा सकती थी। बाकी कहीं ओर कभी जाते देखा नहीं उसे, outing या dinner के लिए भी नहीं। Never seen her dressing properly and getting out of the home.

और वैसा नहीं था कि वो financially कमज़ोर थे या एसा कुछ। बड़ा सा bungalow था, गाड़ियाँ थी। हां, नौकर -चाकर कम थे शायद। क्यों की, ये जो थी। Of course, घरेलु काम तो अच्छे से निपटने ही थे। पर पता नही क्यों? उसे तो कोई परहेज थी ही नहीं जैसे कभी। क्यों की, yes, now we all know कि बहोत अच्छी लड़की थी, भई।

घर के बारे में बता दिया, अब कुछ बातें उसके बारे में भी हो जाए। ज़िंदगी में कभी denim तक नहीं डाली होगी लड़की ने। हमेशा सलवार-कमीज़ बस। अगर बात भी करती, तो कान लगाकर सुनना पड़ता मुजे, इतनी सी थी आवाज़। In fact, कभी ठीक से बात करना भी नही हुआ। क्यों की, हमेशा ही, न-जाने कैसी अजीब सी हड़बड़ी में रहती वो। और मैंने कभी उसे पूछा तक नही कि कैसी हो? बस काम के सिलसिले में बात हो जाती कभी-कबार।

तो क्या शायद उससे ज़्यादा मैं हड़बड़ी में रहती थी? मुजे जानना चाहिए था न उसे! कि वो एसी पहले से थी या फ़िर...

ये जानने के बावजूद भी कि उसके कोई दोस्त नहीं थे। क्यों कभी मैंने ज़रा सी कोशिश भी नहीं की उसकी दोस्त बनने की?

अगर मैं दोस्त बन पाती, तो शायद आज हम दोनो करीब के घरो में ही नही, दिलों में भी बसेरा कर पाते!

अगर मैं दोस्त बन पाती, तो शायद आज वो सहमी हुई लड़की, क्या पता, जरा सा लड़कपन भी दिखा पाती!

अगर मैं दोस्त बन पाती, तो शायद आज एक-दूसरे के सारे राज़ हम अच्छे से बाट लेते, तो ज़िंदगी जीने का हुनर भी कहीं तो उसी में से जुगाड़ कर पाते!

अगर मैं दोस्त बन पाती, तो शायद आज sleeping pills उसके कमरे से ना मील पाती!

अगर मैं दोस्त बन पाती तो, शायद आज वो यहीं होती हमारे बीच कहीं।

पर अब तो ये राज़ उसी के साथ चला गया। कि वो पहले से ऐसी थी या फिर...

और अगर कुछ बाकी रह गया तो ये कि ख़ैर, काफ़ी अच्छी लड़की थी वो!

पर काश कि अगर किसी दिन, मैं भी वो ज़रा सी अच्छी लड़की बन जाती, तो वो बहोत अच्छी लड़की की कमज़ोर ज़िंदगी को इंसानियत के मज़बूत धागों से रफू कर पाती।

*****

सवालों का सफ़रनामा :

1. Define 'अच्छी लड़की'।

2. What is more important? Boldness or goodness?

3. What about you? Are you a bold girl or a good girl?

10

Phoenix

I am the Phoenix, who loves her ashes.

Because somewhere I know this is not an actual ash.

But all the ashes is a bunch of boundaries set for me.

Just think about once.

If Seeta hadn't crossed the laxman rekha on that day, then there might be a chance of missing the divine personality of Raavan, who was as strong as Sree Raam. And the missing series continues with Hanuman, Jatayu and in fact Vibhishan - himself.

So, the full credit of Ramayana goes to Sita, who set the very first example of breaking the boundaries of that laxman rekha.

Now, every rising girl of the society reminds the Phoenix somewhere.

Sit properly, especially whenever one is wearing shorts. One is not supposed to allow showing off her penty lines.

But how can it be so cool enough for the boys, hanging their denims till their half asses!!

May be for some macho image!

After all, men will be men!

Girl, you're supposed to stay home and playing a role of jeeves today.

But I've a class.

Oho! You can do it tomorrow also. Not a big deal.

Why don't you ask brother this time for your help?

Oh! He has his own plans with his friends. You know him right.

Well, I don't know about him but I know you.

Thank you for setting the boundaries of inequality, Woman!

Ok girl, wedding time...

You're supposed to lead in 4th fera, which is for the moxa purpose.

But then what about the other 3?

Those are for Dharm, Arth and Kama purpose.

Ok society. Thank you for setting the boundaries for my eligibility just in hallucinative things.

Girl : Am I supposed to work right? I mean post wedding?

Of course darling! What are you talking about in fact!?

After all, we are in 21st century.

What a relief to hear this!

But there's a difference!

There's a major difference in calm and the calm before the storm.

Finish the house hold chores first. You are not supposed to allow for any post working shift's plans just like your partner. Because the home would be desperate to welcome you with the entire mundane humdrum things sweetheart.

Seems setting up the boundaries meant for the female species only.

No, this project won't be assigned to her as this needs quite a long working hours and field research, too. So, I don't think both will be a good match with her.

Thank you boss for setting up the clear inferior boundaries.

Ok girl, it's a baby time!

Yay!

Oh! It's a girl!! Not to worry. You'll be blessed with the boy soon and it's my heartiest blessings to you.

Thank you auntyjee. But let me aware you the fact that - as I am responsible for the oomph factor that doesn't mean, I can bring the "Y" chromosome from my partner, as well. I am just having a pair of XX like you only. And so, very wrong address for such blessings. You just need to give this to your 'laadle' as he is an actual owner of XY pair.

Oho! This is solely girls talk no! You convey him. That's your responsibility after all.

Really!

The same aunty, after a few years - just have a watch on your son otherwise - माँ दा लाडला बीगड़ गया। Ok, only mine, right?

Then why he is supposed to known by his father's name with him?

Listen girl,

The boundaries are made just for the score.

If it touches the surface, then it's 4.

But it is 6, when you hit out of the boundary and there you gather all your ashes and get the courage for the rising above.

After all, we're the Phoenix, who just love our ashes.

*****

Questions :

1. Write down the boundaries you feel, you have.

2. Now, just imagine this. All these boundaries have just taken a shape of an enlightened aura. The golden light is now behind your head. What are the steps to make this beautiful transition possible? Feel your emotions. Connect with the right steps and write them down.

11

Say hello to फ़ितूर

घर से दफ्तर, दफ्तर से घर।

बीच में deadlines, presentations और appraisal के वही घिसे पिटे चक्कर।

और इस पूरे scene में बाहर से मुस्कुराती, पर अंदर से! जानती हूं, शायद लापता सी हो तुम!

बच्चों के tiffins में, ससुर की दवाइयों में, सास के तानो में, ननद के बहानों में -

तुम इन सभी में, पर फ़िर भी, गुमशुदा सी हो तुम!

दूधवाला, अख़बारवाला, currier वाला, रद्दीवाला - ये सभी तो आते है रोज़ाना, जहां पे रहती हो तुम!

फ़िर ये दरवाज़े की तख़्त पे ऐसे कैसे तुम्हारा ही नाम है गुम ?

बच्चों के classes एक भी miss नहीं होने देती न! फ़िर कई दिनों से चल रहे अपने इस जोड़े के दर्द का इलाज... आज फिर भूल गई?

घर चला सकती हो,

गाड़ी चला सकती हो,

नौकरी कर सकती हो,

बच्चे पाल सकती हो,

खाना पका सकती हो,

पति का ख़याल रख सकती हो,

पड़ौसियों के बरतन तक वापस - भरे हुए भेज सकती हो,

किसी के वहा हाज़री दीए उनका अवसर संवार सकती हो,

यहां तक की सभी के जन्मदिन - सालगिरह याद रखे, बधाई और तोहफ़े भी भूलती नहीं,

तो फ़िर ऐसा क्या है, जो तुम नहीं कर सकती ?

मैं बताऊ?

तुम आइने में अपनी परछाई से ठीक से बात नहीं कर सकती। बात तो दूर, नज़र मिलाने से भी शायद जी कतराता है तुम्हारा।

क्यों की, वो - जिसका तुम्हें पूरी दुनिया में सबसे ज़्यादा ख़याल रखना था, ज़िंदगी की रफ़्तार में, जद्दोज़हद में - शायद वही छूट गया तुमसे। जब की, बाक़ी सब तो extension ही था - ये घर, परिवार, नौकरी - सभी कुछ। Source तो तुम एक ही थी, जिसे उपरवाले ने भेजते हुए ये कहा था कि,

"जा सिमरन जा, जी ले अपनी ज़िंदगी"।

और असल में यहां पे आ के होता क्या है ? हमारी प्यारी सी सिमरन तो... लग गई सभी को राज़ी करने में और फिर उसी चक्कर में, सिमरन की भी लग गई। ;))

ये हमारी झल्ली भी न!

मगर आज तुम्हें एक वादा करना होगा - मुजसे नहीं, आइने से कि आज से तुम अपनी नज़र से ख़ुद को देखने की एक नई शुरुआत करोगी। तुम किसी की favourite हो या ना हो, पर जीवन की हर डगर पे, हर हाल में, ख़ुद की favourite ज़रूर रहोगी। अगर गीता पे हाथ रखे क़सम खानी पड़े, तो वो भी सही कि "आज से - मैं जितनी भी ज़िंदगी जीऊँगी, पूरे मन से खुल के जीऊँगी। यूं आधे - अधूरे या बेमन से तो बिल्कुल ही नहीं।" अपने आप में ये फ़ितूर जगाओगी, तभी तो ऊपर से आवाज़ आयेगी, "मोगाम्बो ख़ुश हुआ"। ;)) और वो मोगाम्बो तभी ख़ुश होगा, जब मेरी जान तुम ख़ुद से ख़ुश रहना सीख जाओगी।

*****

सवालों का सफ़रनामा :

1. List down - ख़ुद को ख़ुश रखने के चंद बेहतरीन तरीक़े।

2. और इस weekend पे, वो कौन सा ज़रिया होगा, जिसे तुम सबसे पहले आज़माना चाहोगी और किस तरह से?

12

you Vs. YOU

Watching MasterChef on loop Vs. trying to make that simple khichdi on weekend.

Doing planning on the flow charts and algorithms since some random weeks Vs. Doing a first simple task in action on one fine sunny day.

Paying yearly fees for the gym and escaping with excuses for the same Vs. Tighten the shoeless, take a sipper, towel and run towards the gym.

Playing ludo or pubG online Vs. Playing the ludo and cards offline with family or friends.

Ordering fruits and veggies from the super market Vs. Go to the vendor and take part in the routine baseless bartering conversation.

Scrolling Pinterest for hours Vs. Make an easy DIY with the kiddo from all out of the blue.

अरे जीजी, कितना बढ़िया गाना है देखो, जल्दी-जल्दी आ जाओ floor पे, वरना steps miss हो जाएंगे Vs. जीजी के impromptu ठुमके! ;)

रोज़मर्रा के ताने - office में हो तो boss के या फ़िर घर पे हो तो, सांस के Vs. एक दिन उसी ताने पे कोई प्यारी सी धुन बनाए, बस.. बजा डालना - धुम ताना ना ना न... ;))

महिने के उन दिनो के दर्द की शिकायतें हर महिने दर्ज करते रहना Vs. एकाद दिन छुट्टी मारे, binge watching और अपनी पसंदीदा चीज़ का अकेले में लुत्फ़ उठाना।

Pregnancy में ज़मानेभर की सलाह सुनना Vs. जो अपने जी में आए, उसी तरीके से बच्चे का बेहतरीन ख़याल रखना।

"कैसे हो" के सब के सवाल पे "बढ़िया बढ़िया" की पुंगी बजाते फ़िरना Vs. किसी नेक दिन सामनेवाले को सच बताए, उसके चेहरे की हवाईयाँ उड़ती देखना।

हर बार किसी की शादी पे, शगुन की वो सालों से चलती आई copy में उसी रिश्तेदार का पुराना हिसाब-क़िताब जांचना Vs. उस रिश्ते की हमारी निज़ी ज़िंदगी में कितनी अहमियत है, ये जांचे - वो शगुन का लिफ़ाफ़ा ख़ुशी-ख़ुशी भर देना।

सब समय दोस्तों के साथ बोतल खुलने पे ही खुल पाना Vs. किसी दिन कोई अजनबी से बिना cheers भी रूबरू हो पाना।

किसी ज़रूरतमंद को 100-200 का खाना या कोई चीज़ दिलाए social media पे ढिंढोरा पीटना Vs. चुपके से उसकी जेब में चंद रुपये सरकाए एक ख़ूबसूरत मुस्कान बटौर लेना।

To do list में आज क्या-क्या करना है Vs. List में आज वो कौन सी एक चीज़ नहीं करनी, उसे लिखे पूरा दिन follow कर लेना।

दूसरो की race में सारी ज़िंदगी लगातार हारते रहना Vs. अपनी ख़ुद की मंज़िल तय कीए, उसमें आधा सफ़र भी मुक़म्मल कर जाना।

It's always about you Vs. YOU.

And everyday can be a fresh start with this - the small of you towards - The capital of YOU.

*****

सवालों का सफ़रनामा :

1. Make a list of your current (small) "you-s" on a single side.

2. On the other side, write down all the respective transitional changes to convert them into your (capital) "YOU-s".

Accept Yourself

आधी ज़िंदगी learning में बिताने के बाद एक वक्त आता है,
जब ज़िंदगी की दहलीज़ पर "unlearning" की आहट सुनाई दे।
तो फिर चलिए, अब उसी unlearning को welcome करते हुए
आगे बढ़ते हैं।

13

The bitch is the new beautiful

कोई ज़रूरत नहीं, elocution-velocution में हिस्सा लेने की। इम्तिहान सिर पे है। Score पर असर हो जायेगा।

Actor - model तो बेटा, बड़े लोगों की दुनिया है और उस दुनिया में हम छोटो के लिए जगह नहीं!

अब भाग्यवान आप ही बताइए इसे। Air hostess की भी कोइ ज़िंदगी होती है भला ? आज यहां तो कल नजाने कहां!

अरे, तुम्हे भला बाहर काम करने की ज़रूरत ही क्या है! ऐश करो तुम घर पे रानी बने!

सब बवाल की जड़ ये छोटी skirt है। उस दिन अगर ढंग के कपड़े पहने होते, तो आज ये नौबत नहीं आती। ताली एक हाथ से थोड़ी न बजती है!

अरे, दहेज में तुम इतनी छोटी सी अलमारी लिए कैसे चली आई!

Ma'am इसने मुजे "I love you" बोला। अरे कोइ नही, गलती से बोल दिया होगा। अभी उमर ही क्या है तुम्हारी, ये सब सुनने - सुनाने की! मुज़से बोला सो बोला, अब किसी और से जाके मत कहियो। Ssssshhhhh...

बेटा, चाचा तो बड़ी वाली गुड़िया के साथ अगली बार बड़ी वाली chocolate भी देंगे। ठीक है! पर क्या करना है?

Ssssshhhhh...

hey, that's like my good girl.

कुछ सालों बाद,

बेटा, वही चाचा आए है, जो बचपन में तुम्हारे लिए ढेर सारे तोहफ़े लाया करते थे। अरे, ज़रा पैर तो छुओ उनके!

बारिश में नहीं भीगते बेटा, सर्दी लग जाती है।

ऐसे कैसे पैर खुले रखे बैठी हो? Cross your legs. लड़की हो, तो थोड़ा लड़कियो जैसे बैठा भी करो।

कुछ रसोई-वसोई भी सीख ले छोरी। ये चार किताबें दूसरे घर काम न आवेगी तेरे।

अरे, आज फिर रसोई जला दी! माँ ने कुछ सीखा के नहीं भेजा क्या अपने घर से!

घर की बहुये, घर की इज़्ज़त होती है। एसे कैसे ठैले पे पानीपुरी निगल ली तुमने! और वो भी बिना किसी की इजाज़त के!

भाई को तो donation दे के डाक्टरी करवा लेंगे। तो अब इस चुटकी की पढ़ाई फ़िर सरकारी में ही ख़त्म करवा दे क्या!

देखो, भैया चाहे देर रात को घर वापस लौटे। लेकीन, तुम ये कान खोलकर सुन लो। तुम्हारे लिए घड़ी की सूई ८ बजे अटक जाती है!

दादी छोटु के जन्म पे तो इतनी सारी मिठाइयाँ बाट रहे है! तो क्या मेरे जन्म पे भी बाटी थी ? बताइए ज़रा, कौन सी वाली रखे थे आप?

चुटकी, अंदर आ जा और अपनी गुड़िया के साथ खेल। ये क्या हर वक्त अपने भाई के दोस्तों के साथ खेलने लग जाती है!

चुटकी, ज़रा बाहर से नाश्ते की ख़ाली plates लेके आइयो। अब तो लगता है, भैया और उनके दोस्त party खतम कीए चल दिए होंगे।

पापा, भैया को तो आप abroad भेज रहे हो। मैं यही पे पढ़ लूंगी। बस, मुझे अभी शादी नहीं करनी, please. अरे भाग्यवान, तनिक समझाओ इसे। इतनी पढ़ाई करेगी, तो उम्र नीकल जाएगी। माँ - बाप नही बैठे सारी ज़िंदगी खिलाने के लिए।

अरे बेटा, ऐसे झगड़े तो हर घर में होते रहते है। उसमें कोई घर छोड़ थोड़ी आ जाता है!

इन सभी बेचारी में छिपी है एक bitch.

जी हाँ, अभी भी वही है। ज़हन के किसी एक कोने में, बरसो से तुम्हारे ही इंतज़ार में खड़ी। Let's just embrace her wholeheartedly. And tell her - I'm sorry for keeping you in a mess for such a long time but please allow me to fix that now. And this time forever.

मगर क्यों?

क्यों की मेरी जान, the bitch is the new beautiful. And trust me, you're the most beautiful.

*****

सवालो का सफ़रनामा :

1. A series of sorry-s.

   Tell yourself sorry for as many things, incidents and whatever you remember,

   I'm sorry for...

   I'm sorry for...

   I'm sorry for...

2. Now, add the fixation plan to all your sorry-s.

14

Pushpa, I love Tears

आँसुओ की बूँदों का कितना वज़न होगा?

Almost weightless, right!

फ़िर अपने सबसे भारी भरख़म emotions का बोज़ ये बेचारे आँसू कैसे ढा लेते होंगे ? चलिए, तो आज बातें, 24 carat pure emotion - Pushpa, I love tears के बारे में...

पता है, आँसुओ को सब से बेशक़ीमती और अनमोल क्यों मानते है ? Because, they're coming all the way straight from the soul. जैसे शरीर को चोट लगती है, तो ख़ून निकलता है। ठीक वैसे ही, ज़ेहन को जब चोट लगती है, जब दर्द होता है - तो आँसू निकलते है।

आँसू - एक परिभाषा है - दिल और ज़ेहन - दोनों की। ये ज़बान तब काम आती है, जब सारे अल्फ़ाज़ ख़त्म हो चुके हो। सब कुछ समझ से परे लगे। कभी हालात हम ख़ुद से नहीं समझते। तो परिस्थिति कभी, सामनेवाले की समझ से परे हो। लेकिन, शुक्र है - कोई तो है, जो आँसुओ की ये बोली ठीक जानता है। And you know what! -

Tears - is one of the best form of prayers. आँसुओ के ज़रिये, कही - अनकही हर बात, उपरवाला यकीनन, जल्दी ही समझ लेता होगा। और शायद इसीलिए, एक अच्छे से whining episode के बाद :) नाही सिर्फ़ आँखें धूल जाती है, बल्कि दिल भी साफ़ हो जाता है और हम पहले से ज़्यादा clear देख पाते है। ठीक एक अच्छी सी बारिश के बाद - धुले हुए - साफ़ - सुथरे, नीले आसमान के माफ़िक़।

तो गर, रातभर मन ही मन सुलगने से जी भर आए और chocolates का stock भी खतम हो जाए, तब ज़रा सा अपने आप पे loose control वाला command कोशिश कीजिएगा। अच्छा लगेगा। अगर ख़ुल के बिखरेंगे ही नहीं, तो फ़िर निखरेंगे कैसे! बताइए ज़रा। भई, आसमान अगर बारिश की बूँदों से बिखरता है, तो वही आसमान बारिश के बाद उठते इंद्रधनुष से निखरता भी तो है। So, to all my dear pushpas, तो इस बार ये तय हुआ, तु रो ले ज़रा - ज़रा।

*****

सवालों का सफ़रनामा :

1. आख़िरीबार कब आँसुओ से आपकी मुलाक़ात हुई थी ? और कैसे?

2. क्या आप ठीक से रो पाते है?

3. क्या आप उन लोगो में से है, जिन्हें रोना बहोत मुश्किल लगता हो ? तो फ़िर आपके मुताबिक इसकी वजह क्या हो सकती है?

15

डगरिया - सही या ग़लत

ऊपरवाले ने माशाल्लाह, इतना सही बना के भेजा है तुम्हें।

तो तुम सब कुछ हो सकती हो, पर ग़लत कैसे!

पर तुम ग़लत हो। तुम ग़लत हो, क्यों की,

घर में किसी के सुनाने पे - instantly, आज तुमने 2 chocolates खा ली!

जब कि तुम्हें बैठना था, अपने उन बिखरे जज़्बातों के साथ कि क्यों मुजे ये बात इतनी चुभ गई! और वो trigger के मिल जाने पे तुम्हारा 2 chocolates का जश्र बनता था!

तुम ग़लत हो - क्यों की,

तुम्हारे वज़न के बारे में, परसों की गई, किसी और की विशेष टिप्पणी पे - कल से ही तुमने brisk walk शुरू कर दीया!

जब की walk पे जाना must be connected with your fitness journey only. At least, किसी ऐरे ग़ैरे - नथु गैरे की वजह से तो बिल्कुल भी नहीं।

तुम ग़लत हो - क्यों की,

सहेली के salon हो के आने से अब तुम भी लगे हाथों facial का मज़ा लेना चाहती हो!

जैसे की, कल की promotional event ही ले लो। जहां पे तुम्हे लगा की boss ने तुमसे ज़्यादा TRP, colleague को दे दी और इस वजह से शायद चेहरे की लाली अभी भी गुम है तुम्हारी।

तुम ग़लत हो - क्यों की,

तुमने ये मान लिया कि तुम्हारी बेटी का इस साल पढ़ाई में ज़रा भी ध्यान नहीं। और ये बात कही भी तो उसके teacher ने! जो मुश्किल से आधा घंटा बेटी और दूसरे 50 बच्चों के साथ बिताती है!

जब की तुमने ये नहीं देखा कि बेटी की दिलचस्पी तो पढ़ाई में है ही नहीं। उसे तो पसंद है, blank canvas पे रंगो को बिखैरना। अरे, हैरत तो इस बात की है कि 18 घंटे साथ रहकर भी तुम उसकी इस रंगीन दुनिया से कैसे अंजान रह गई!

तुम ग़लत हो - क्यों की,

बाई के एक दिन काम पे ना आने पे भी तुमने बिना वजह जाने, उसे कितनी खरी-खोटी सुना दी!

जब की तुम्हे देर हो रही थी, तो सिर्फ़ अपनी kitty party के लिए। और वहा बाई का आदमी अस्पताल में बिछाने पे पड़ा था।

तुम ग़लत हो - क्यों की,

बहु को "बेटी" और बेटी को "बेटा" कहना मुनासिब मानती हो।

अपनी feminity को overtake किए masculine होना ख़ूब जानती हो।

जब की ये बात तुम कैसे भूल सकती हो कि रिश्तों को तो उसके मूल स्वरूप के मायने ही समझ आते है।

तुम ग़लत हो - क्यों की,

एक फुद् से heart break पे भी तुम टूट गई। और weekend पे Netflix लगाए binge watch करे popcorn के tubs और tissues ख़ाली करती रही।

जब की तुम्हे goodbye कहना था और वो भी ठीक वैसे, जैसे Jab we met में Geet का call जाता है। और वो चंद आख़िरी लफ़्ज़ सुकून लाते।

तुम ग़लत हो - क्यों की,

तुम सोचती हो कि एक Ninja नारी, सब पर भारी या फ़िर क्या करेगी ये अबला बेचारी ?

जब की सोचना तो ये था कि ninja नारी, तो है ख़ुद ही पर भारी - सब का ख़याल रखने में, बिख़ैर के रख देती हो अपने आप को और फ़िर bitch से बेचारी बन जाया करती हो!

तुम ग़लत हो - क्यों की,

सही होते हुए भी ख़ुद को हर बार तुम कठघरे में खड़ा कर देती हो।

खुल के हसती नहीं, खुल के रो नहीं सकती, खुल के प्यार नहीं करती, खुल के इज़हार नहीं करती, खुल के जज़्बात बयान नहीं करती। खुल के डर को गले से भी नही लगा पाती, खुल के अकेले जी नहीं सकती, खुल के सपने नहीं देख सकती, यहाँ तक की खुल के साँस तक नहीं ले पाती!

जब की ये सभी आम चीज़ो पे हक़ है तुम्हारा।

पर फ़िर भी कठघरे में चुपचाप बेजुबान खड़ी हो और इसीलिए...

और इसीलिए, आज तुम सही होते हुए भी ग़लत हो, ग़लत हो, ग़लत हो।

ऊपरवाले ने माशाल्लाह, इतना सही बना के भेजा है तुम्हें।

तो तुम सब कुछ हो सकती हो, लेकिन ग़लत तो हरगिज़ नहीं।

*****

सवालों का सफ़रनामा :

1. अपनी ज़िंदगी के रास्तो में वो कौन सी ऐसी जगहें है, जहां तुम अपने आप को क़सूरवार मानती हो?

2. क्या वाकेही में उन सब में तुम क़सूरवार हो सही?

16

सबसे बड़ी गुनहगार

चाय - माँ के जैसी सीखी - इलायची पहले ही। ताकि ख़ुशबू से भर जाए। पर चुपके से, दबे पांव - चाय के साथ ही बैठ गया एक अंजान सा डर। वो डर, जो आज भी अपनी बात रखने से पहले 100 बार सोचता है। लेकिन माँ, तुम क़सूरवार नहीं।

Full volume पे Aastha channel सुननेवाले दादाजी को ज़िंदगीभर परहेज़ रही हमारी पसंदीदा English धुनों पे। तो वो English सुर लगते तो आज भी है - लेकिन bathroom में। पर पता है दादाजी, आप भी बेगुनाह है।

'थाली में हमेशा हरी सब्ज़ी ज़्यादा' - इसपे ज़ोर देनेवाली दीदी - एक दिन दिख गई बाज़ार में, गोलगप्पे खाती हुई, अपने किसी दोस्त के साथ! तब से यही सीख लिया कि - जो भी चीज़ ख़ुद को पसंद हो, उसे चुपके से करो। ssssshhhh. और जो दूसरों को पसंद हो, उनके सामने बस वही किया करो। बात खतम। पर अब क्या करे, इसमें तो दीदी की भी कोई गलती नहीं दिखती!

रोज़ शाम घर के बरामदे में लगाई सभा में, अपनी-अपनी बहुओं की चुग़ली से, red bull जैसी energy पाने वाली दादियाँ, अक्सर टोक दिया करती - ख़ासकर, जब भी opposite gender के साथ पढ़ाई की या और कुछ knowledgeable बात हुआ करती। एक दहशत हमेशा ही बनी रहती उनको कि ख़ुदा न ख़ास्ता, कल को इस लड़की की भी चुग़ली लग जाए रोज़ाना की भरी सभा में तो! पर इसमें भला उनका भी क्या दोष!

भैया को देर रात बाहर जाने की अनुमती दे रहे वही पापा, जब शाम के 7 बजे के बाद, घर से निकलने पे मना बोल दे। तब उस छोटे से दिमाग़ में एक ही ख़याल आता है कि चाहे parents भले ही same हो, लेकिन नियम! नियम तो.... अलग ही रहते है। आख़िरकर, पापा की परी का label हमारे पास जो है! मगर आप चिंता मत करिए पापा, इसमें आप का क्या क़सूर! आप भी तो सालों से यही देख रहे होंगे।

भाई के घर पे आए दोस्तों की ठीक से मेहमान - नवाज़ी करो, ख़ातिरदारी में कोई कमी नहीं रहनी चाहिए। ठीक है! फ़िर वही भाई को भेज दिया जाता है medicine में, वो भी ढेर सारे donation पे! पर जहां बात आती है प्यारी बहना की... तो उसकी इच्छा - अभिलाषा चुपके से दम तोड़ देती है। और अगर जो कभी भूले से भी साँस ले, तो एक मज़ाक़ बनकर रह जाती बस।

इनमें से कोई न कोई कहानी, किसी न किसी छोटी सी बच्ची की ज़रूर है। लेकिन वो बच्ची, अब बच्ची नहीं रही। वो आज काफ़ी बड़ी

हो चुकी है। अपनी ज़िंदगी - अपने तौर - तरीकों से जीना सीख रही है। वो छोटी बच्ची बेक़सूर है, जो ये सब नासमझी में सह गई। पर जब बात आती है बड़ी की... तो अगर वो ये सब कुछ अभी भी सह रही है न, तो आज वो बिना किसी क़सूर के, सबसे बड़ी गुनहगार कहलाएगी।

*****

सवालों का सफ़रनामा :

1. Parents की ऐसी कौन सी आदत, जो तुम में reflect होती है और तुम्हें बेहद पसंद है?

2. Parents की ऐसी कौन सी आदत, जो तुम में reflect होती है और तुम्हें ना-पसंद है?

P.s.

Genes don't lie.

17

Flip the format

दाग अच्छे होते है, फ़िर चाहे वो पेट पे हो या panties पे!

Straps are superb anywhere, क्या फ़र्क पड़ता है - bra के हो या ज़िब्रा के!

Strings are super cool as well, फ़िर चाहे वो G-strings हो या गिटार की!

Periods are too normal, चाहे वो school के हो या girls के!

Pads are fine, फ़िर चाहे वो writing वाले हो या माहावारी वाले!

Less is more, कपड़े हो या height!

Bigger the better, boobs हो या booties!

Sitting comfortably is enough. फ़िर चाहे वो crossing legs हो या legs apart!

Regular sanitisation is essential. फ़िर चाहे वो vagina के लिए हो या रूह के लिए!

A desperate longing for belonging - comes at an auto mode, once in every female's life.

यही रवायत है - सती, सीता, सावित्री से ले के sexy, sassy और spunky तक।

रावण उठाए, युधिष्ठिर दाव पे लगाए, राम किसी की जुबानी - pregnancy में भी छोड़ के चले जाए।

ख़ैर, रवायत तो आज भी वही है।

असल में नाम को छोड़ कहा कुछ बदला है!

आख़िरकर, कल का अख़बार रद्दी सहि, पर ढांचा - याने की format तो उसी का रहता है।

But now, flipping the format is crucial, चाहे वो अख़बार का हो या फ़िर सदियों से चली आ रही इन रवायतों का।

*****

सवालों का सफ़रनामा :

1. If Brahma promotes you to set the format for the women across the world wide, what should it be?

18

Imperfect is the perfectly perfect

क्या होता है "Perfect"?

पहाड़ो की ऊँचाइयाँ? या घाटियों की गहराईयाँ?

जंगल की वीरानियाँ?

या फ़िर बारिश में सजी हरियालियाँ?

क्या होता है "perfect"?

समंदर की टेढ़ी-मेढ़ी लहरें,

या रोज़ सुबह उठती सूरज की सुरेख किरने,

रात का गहरा स्याही आसमान,

या फ़िर सुबह का नारंगी समा!

क्या होता है "perfect"?

ओस बूँदों का पत्तो से सिर्फ़ चंद घड़ी का मिलन,

या बूँदाबाँदी के लिए धरती का आधे-पौने साल चलता स्यापा,

आँधी-तूफ़ान में नज़र आता कुदरत का ख़ौफ़नाक आपा,

या फ़िर बिजली की चमकार से अंधकार की गिरह में उठता, बस वो पल 2 पल का छापा।

क्या होता है "perfect"?

मुश्किलों में शुतुरमुर्ग का रेत में मुँह छिपाना,

या फ़िर उसी शुतुरमुर्ग का जाने-अंजाने ही सही, मिल्खा सिंघ बने दौड़ लगा पाना!

कोयल का अपने अंडों को कौए के घोसले में धोखे से छिपाना,

या फ़िर वही कोयल को अपनी मधुर आवाज़ के लिए पक्षियों की लता मंगेशकर का ख़िताब मिल जाना!

क्या होता है "perfect"?

बारहमासी के फूलों का रोज़ ही खिल के मुरझाना,

या ब्रह्मकमल का साल में सिर्फ़ एक रात के लिए ही खिल पाना!

गुलाब का हर बार कांटों के साथ आना,

या फ़िर बंजर रेगिस्तान में भी cactus का बस यूं ही मुस्कुराना!

क्या होता है "perfect"?

मंदिर में बहोत सारे देवी-देवताओं की मूर्तियों का होना।

या फ़िर मस्ज़िद में कोई भी मूर्ति का ना होना।

चर्च में मोमबत्ती का जलना।

या अगियारीं में हमेशा ही जलती आग का होना।

क्या होता है "perfect"?

किसी stammerer का canvas पे सबसे बेहतरीन strokes का निखार पाना,

या किसी mental disable का गरबा competition जीत जाना।

किसी माँ का strech marks की शिकायतों से परे, कई ज़्यादा प्यार घोले अपनी औलाद को पसंदीदा चीज़ों से नवाज़ना,

या किसी पिता का बेशुमार गुरूर हो पाना!

क्या होता है "perfect"?

Wisdom tooth आने से पहले ही wisdom का आ जाना,

या पचहत्तर पे भी सिर्फ़ बालों का ही सफ़ेद होना! ;)

हर साल मोमबत्ती बुझाए अपना जन्मदिन मनाना,

या फ़िर कुंडलिनी शक्ति के एक बार जागने पे ही, किसी अंजान डगर की राह को जीवनभर चुन लेना।

क्या होता है "perfect"?

कहां से शुरू होता है और कहां पे खत्म!

शायद ये सारे imperfections ही हैं, - थोड़े से अजीब, काफ़ी अधूरे और खुरदुरें भी। जो सिर्फ़ एक ही बात जानते है और वो ये कि इतने

सारे imperfections के बावजूद भी, पूरे scene को "perfect" कैसे बनाया जा सकता है।

*****

सवालों का सफ़रनामा :

1. List out all the imperfections in your life.

2. Reflect their (imperfection's) beauty into your life.

3. Have a gratitude prayer with all your heart and soul for such a larger than life imperfections in your beautifully imperfect life.

19

अजी सुनती हो XYZ की अम्मा

अजी सुनती हो,

बच्चों के tiffins में fancy items भेज पाओ या नहीं,

लेकिन उनके नन्हे से ज़हन में हिंमत और हैरत pack करना - भूलना नहीं।

अजी सुनती हो,

बच्चों को क़िताबी गणित सीखा पाओ या नहीं,

लेकिन अगर हो सके तो, rejections और failures - दोनों का थोड़ा-बहोत हिसाब-किताब लगाना अभी से सीखा दियो। ताकि ज़िंदगी जब अपना गणित समझाना शुरू करे, तो उन्हें शून्य से ना सीखना पड़े।

अजी सुनती हो,

बच्चों की extra classes लगाओ या नहीं,

हो सके उतनी extra ख़ुशियाँ - उनकी जेब में और तुम्हारे दिल के किसी कोने में समय-समय पे साझा कर लिया करो। क्या पता, कब वे तुम्हारी इन ख़ूबसूरत आखों से ओझल हो जाए।

अजी सुनती हो,

बच्चों की PTM हर साल attend कर पाओ या नहीं,

लेकिन उनके साथ छुट्टियों की full on मस्ती को कभी miss ना होने दियो।

अजी सुनती हो,

Timetables के मुताबिक भले रोज़ ही school bag में किताबें रखो,

लेकिन बच्चों के साथ, अपना भी ज़रा एक set timetable रख लिया करो। कभी एक प्यारी सी कहानी, कभी कुछ बिखरें से रंग, कभी थोड़ा बेतूका नाच, तो कभी ऐवे ही गपशप और बस एकाद आधी टॉफी। क्या ख़ूब जमेगा रंग।

अजी सुनती हो,

बच्चों के uniforms चाहे रोज़ press कर पाओ या नहीं,

लेकिन ख़ुद की ज़िंदगी से बचपन की खुरदुरी सिलवटों को हो सके उतना जल्द ही मिटा दियो। ताकी, बच्चों को उनके हिस्से की सारी खुशियाँ perfectly press किए मील सके।

अजी सुनती हो,

बच्चों के लिए चाहे कुछ भी समझौता कर लो - अपने बाल, अपनी skin, अपना शरीर...

मगर अपने शौक़ और सपनों के साथ समझौते के बारे में कभी सोचना भी मत। क्यों की एक वही है, जो तुम्हें ज़िंदा रखतें है।

अजी सुनती हो,

एक माँ बनना, दुनिया में सबसे बड़ी नेमत है। तो बच्चे को "माँ दा लाड़ला" या फिर "पापा की परी" - जैसी रवायतों का हिस्सा ना गिने - 'बेटी को बेटी' और 'बेटे को बेटा' ही कहे और माने भी।

अजी सुनती हो,

अगर Thomas Alva Addison या Einstein की माँ ने, उनके बच्चों की teachers का कहना मान लीया होता कि आपके बच्चे पढ़ाई में कमज़ोर है और कोई भी ख़ास बात उनमें है नहीं, तो शायद इतिहास बनते-बनते रह जाता!

अजी सुनती हो,

और आख़िर में, बच्चा अगर अंधेरे में भूले से भी चला जाए, तो तुम तुरंत रोशनी कर देती हो ना!

तो उस ऊपरवाले की भी तुम सबसे प्यारी बच्ची हो। होसला रखो। वो ज़्यादा देर तक तुम्हें भी अंधेरे में नहीं रखेगा।

*****

सवालों का सफ़रनामा :

1. What are the superpowers of your kids? Have you told them? If not yet, then you must do it now.

20

आरज़ू की अंगड़ाइयां

माँ, क्या चित्ते के बच्चे की दादी भी उसकी तेज़ दौड़ पे नाराज़ होती, रोज़ उस नन्हीं सी जान को धीरे चलने की सलाह देती होगी!?

क्या तितलियों को भी बड़ों से ये सुनने को मिल रहा होगा कि "चुपचाप एक ही फूल पे बैठकर फ़टाफ़ट से रस जमा कर लो।"

आसमान से बरसती बूंदें अनमोल और उन्हें तो "बरसों रे मेघा, मेघा बरसो" से नवाज़ा जाता है। तो फ़िर माँ, हमारी इन नन्हीं सी आँखों से बरसते मोतियों पे ये पाबंदी क्यों!?

चाँद को भी क्या कोई ये कहता होगा कि, "अरे बेटा, मेहमानों के सामने ज़रा ठीक से चमको, जैसे पूर्णिमा पे चमकते हो न, बिल्कुल वैसे ही, पुरा चमक के दिखाओ ज़रा!" तो महज़ चाँद भी क्या हर बार पुरा ही चमक के दिखा पाता होगा!?

कोयल के पड़ौसी भी यही कहते होंगे न की, आहिस्ता आवाज़ कीया करो भई, इधर सब बहोत disturb हो रहे है।

माँ, कल आई बिल्ली को हमने जो दूध दिया, बिल्ली तो वो आधे में ही छोड़ चली गई। जब की मुजे तो रोज़ ही पुरा गिलास मन-बेमन गटक जाना पड़ता है!

ये जो कहानी थी कि male चिड़िया लाई चावल का दाना और female चिड़िया लाई मुंग का दाना, - दोनों ने पकायी खिचड़ी और खा ली। ये कहानी तो अधूरी लगती है। दोनों ने अपनी थाली में परोसी सारी खिचड़ी खतम की या नहीं ? बरतन ठीक जगह पे रखे भी या नहीं ? ये सभी तो देखना पड़ता है।

देखो न माँ, ये बादलों को तो सही से रंग भरना भी नहीं आता। हम तो ठीक से बॉर्डर बना के करते है। अब तो इनके भी marks art teacher काट लेंगे, देखना तुम!

और माँ, ये सुरज की पाठशाला में यह dawn और dusk - दोनों तो रोज़ ही बिना uniforms के, एकदम ही रंग-बिरंगे कपड़ो में मुँह उठाये चली आती है। अगर Principal sir ने एक बार भी देख लिया न, तो ख़ैर नहीं इनकी!

पता है माँ, नदी तो कल हमारी बस में ही चड़ गई थी। फिर आधे में उतर भी गई। और फिर रास्ते के बिना ही वो जैसे-तैसे निकल पड़ी।

सब लोग हैरान हुए देखने लगे और ताज्जुब की बात, किसी ने उसे ऐसा करने पर ज़रा सा रोका या टोका भी नहीं! लो कर लो बात!

और आज ही सुबह मैंने देखा कि पंछियों का एक झुंड सीधी रेखा में ना हुए, "V" shape में उड़ रहा था, कैसा बेहूदा लग रहा था सब!

माँ, पता चला, कल सारे फूल इम्तिहान में असफल रहे। क्यों की, syllabus में एक ही इत्र के बारे में पूछा था। जब की answer sheet में जवाब सभी के अलग-अलग निकले।

और ये सब सुन, अब एक माँ, अपनी बेटी की आरज़ुओं की अंगड़ाइयो के नए दस्तावेज़ की तैयारियों में जुड़ जाती है, जिसका नाम है - "LET IT BE".

*****

सवालों का सफ़रनामा :

1. This question is for your child. Write down do's and don'ts from your mom.

2. Now, your role is to reflect on each with a gentle attitude.

21

ख़ानाबदोशी की लहर

बहती हूं और इसीलिए नदी हूं।
थम जाती, तो शायद तालाब कहलाती!
पर तो क्या फिर समंदर से मुलाक़ात हो पाती?

टिमटिमाता हूं, इसीलिए सितारा हूं।
चमकता तो क्या पता, बिजली बने पल दो पल चमक के गुम हो जाता,
दूर कहीं स्याही आसमान में!

महकता हूं, तो इसीलिए गुलाब भी हूं।
अगर चहकता फिरता, तो चिड़िया होती न!
तो कैसी लगती फिर - इश्क़ की निशानी - एक चिड़िया!?;)

कभी टपाक, तो कभी धुआँधार।
पर बरसती ज़रूर हूं और इसीलिए बारिश हूं।
अगर जम जाती, तो बर्फ होती न! तो फ़िर क्या सह पाते मुझे?

सनसनाती हूं, इसीलिए हवा हूं।

अगर जलती, तो आग होती न!

सरसराहट के बिना जैसे पत्ते अधूरे और उनके बिना शायद हवा भी।

सुरेख हूं, इसीलिए तो सूरज की किरण हूं। जिसके नसीब में - सबसे पहला रंग भरना लिखा है, वो भी रोज़ ही सुबह।

अगर फ़ैल जाती, तो चाँद की मधम रोशनी कहलाती! जो फ़िर उसी के हिसाब से चले और अमावस्या पे लापता!

बादल हूं और शायद इसीलिए दौड़ना फ़ितरत बन गई।

अगर आसमान होती, तो एक जगह ठहर जाती न!

परवाना हूं, इसीलिए शमा पे जान क़ुरबान करता हूं।

मान लो अगर जुगनू होता, फ़िर तो महज़ चमकने से ही गुज़ारा कर लेता!

असल चेहरा ढूँढने की तलाश है बस।

अगर नक़ाब, हिजाब या मोहरे की कश्मकश में सहूलियत पा लेते, तो शायद ये पूरा स्यापा ही मीट जाता।

और आख़िर में, बस यूं समज लीजिए कि लगता है, रगो में जैसे खानाबदोशी ख़ौल रही होगी,

अगर ख़ून होता तो, पता एक ही ठिकाना होता।

*****

सवालों का सफ़रनामा :

1. आईना हमारा असल चेहरा नहीं दिखाता। मुझे अगर मेरा असल चेहरा देखना हो, तो वो ज़रिया है - काग़ज़ और कलम। और आपका ? आप अपने असल चेहरे को कौन से ज़रिए से देखना पसंद करते है?

22

डर - एक ख़ूबसूरत दंगल हमसफ़र

डर लगता है न! हक़ीक़त से, ख़ुद से, अपनो से, सपनों से। लगना भी चाहिए। और डर... सच्ची में बहोत ख़ूबसूरत है। उसे ऐसे "ey shi shi" करके भगाना बड़ा नाइन्साफ़ी लगती है।

सोचो जब एक drunk man, जिसे तुमने शाम से bar में बैठे, पीते देखा है और वो जब lift की offer करे, तो डर लगना लाज़मी है।

बस में, भीड़ में - किस का हाथ कहां लग जाए! डर तो लगता है।

Driver कोई ओर दिशा पकड़ ले, जो map के अनुसार ना हो, वो डर भी जायज़ है।

कोई अंजान शहर में पहली दफ़ा रुकना और कुछ ना मिलने पर, घबरा जाना - बिल्कुल ही समज सक्ते है।

अंजान रास्ते में गाड़ी ख़राब होने पर किसी से मदद मांगना - दहशतभरा काम है।

Street lights बंद होने पर भी, ज़रूरी काम से बाहर निकलना - भला ख़तरों के खिलाड़ी से कम थोड़ी!

काश कि ये डर किसी काले धागे या कोइ पीड़-फ़कीर के झाड़ु या कोइ भी मंत्र-जाप या किसी भी जादू-टोने का मोहताज होता! पर अफ़सोस, वो नहीं।

मतलब की डर को इन सब चीज़ों से डर नहीं लगता। तो फ़िर डर को, किसी चीज़ से तो डर लगता होगा। तो क्या हो सकती है वो नायाब चीज़, जिससे डर को डर लगता हो!

द्रौपदी को बचाने श्री कृष्ण ज़रूर आए थे। पर वह तो सतयुग था। हमारे लिए ज़रा मुश्किल है! और इसीलिए लगता है शायद इतने सालो में ऊपरवाले ने ही system upgrade कर दी होगी। इतनी upgrade की हम ख़ुद ही अपने कृष्ण बन सके। ताकि, ज़िंदगी के हर मोड़ पर डर को गले लगाए, दूसरो के साथ-साथ एक दिन ख़ुद का सामना करना भी सीख जाए।

तो बात ये है कि डर ख़ूबसूरत है।

कैसे?

सोचो अगर डर नहीं होता, तो हम उस drunk man की गाड़ी में बैठ जाते, बस और भीड़ में - मुसाफरी के दौरान चक्कु, छूरी जैसे हथियार purse में नहीं रखते, अंजान driver के साथ सफ़र करते वक़्त किसी अपने से call में बिना वजह लंबी बात -चीत नहीं कीया करते, अंधेरी राह पर किसी और को साथ लेकर निकलते या फ़िर वो ज़रूरी चीज़ मंगवा लेते। तो हुआ ना, हमारा डर ख़ूबसूरत! क्यों की, काफ़ी एसी भी जगहे है, जहां उसने हमे बचाया है।

पर फ़िर भी ये सब नुस्ख़े तो अंजान शख़्सियत से निपटने के लिए ठीक है। अफ़सोस इस बात का कि इस डर में बामुलायज़ा, "अपने" भी शामिल है, अब उनका क्या किया जाए! तो बस उन्हें तो पहली बार में ही खुला कर दिया जाए। ताकि बाकी लोग सतर्क हो पाए।

*****

Action:

Take a paper.

List out all your fears.

Write a beautiful letter to your beautiful fears, with the P.S. mentioned. And here's the p.s.

P.S.

*t&c is applicable.

(And the *t&c is,

Dear fear, you can always show your opinion, but the last call is by myself only. Now and always.)

Thanking you,

- Not a fearless girl, but a beautiful girl with even more beautiful fears.

23

तू चीज़ बड़ी है मस्त

चाँद हटता नहीं, हटाता भी नहीं।

बस वो वहीं रुके, बादलों के गुज़रने का चुपचाप से इंतज़ार करता है।

So, when needed, take a pause for a while and let it pass.

भला, किसी की क्या मज़ाल, जो तुम्हारे आगे ज़्यादा देर तक टिक पाए! ;)

पूर्णिमा के तारें उतना ही झिलमिलाते है, जितने की अमावस्या के सितारे। वे ये जानते है कि झिलमिलाना तो उनकी रगो में है, चाँद से कहा!

There are phases in every element's of nature, and so as in you. So, for God sake, just start believe in yourself from this very moment.

ऊबड़-खाबड़ रास्तों से डरे, यदि नदियाँ अपना रूख मोड़ने लगी, तो तुम्हारा अपनी मंज़िल से मुकर जाना भी आज शायद लाज़मी होता।

But than there are obstacles, which are just a part of his leela. And than there is you - his favourite all time super Mario - character. So, let the game begins, bro. ;)

कैसा लगता अगर, समंदर सिर्फ़ खारेपन को कोसे, लहरों को अपने में सिमटे, रात-दिन गुमसुम सा बैठा रहता!! नहीं जमा ना - ये ख़याल भी!

उठती - गिरती - टकराती - बिखरती - और फिर से बनती - तुम भी - वही लहर हो। हां, ज्वार-भाटा should be a part of the life.

अगर किसी को पहाड़ चड़ने में तकलीफ़ हो रही है, तो क्या पहाड़ अपनी ऊंचाई कम कर दे?

Keeping your standards high is something which makes you - uniquely you. Do not offended by lowering them for the sake of anyone. Everyone can see the mountains. But it takes guts to climb it. And you're not less than a mountain, darling.

फूलों को कोई ये कह दे कि यार, इस हरे पत्तो के साथ ना तुम्हारे purple फूल जा नहीं रहे। एक काम क्यों नहीं करते! फूलो का रंग ही बदल लो, क्या पता सब तुम्हें थोड़ा सा पसंद ही कर ले!

तो सुनो, चाय, चाय होती है और champagne, - champagne. So don't worry sweetheart. Just because you're a champagne, you can't be everyone's cup of tea.

जुगनू की राह, शमा से होके गुज़रती है। फ़िर चाहे वो खतरों से भरी क्यों न हो! हो सकता है, तुम्हारी चाह भी तुम्हें एक दिन ले डूबे। पर वो चाह ही क्या, जो ऐवे ही हासील हो जाए! जलना तो एक दिन सबको है। लेकिन बात तो तब बने मेरी जान, जब तुम जीते जी अपने सपनो की तिश्रगी में एक -आकार हो जाओ।

आसमान भी बिल्कुल तुम्हारी तरह ही लाल, नीला, काला, पीला, गुलाबी होता रहता है। ज़रूरत पड़ने पर बूँदों के बहाने रो भी लेता है। तुम भी वक़्त - बेवक़्त ख़ाली हो जाया करो। ताकि नयापन तुम्हें छू के गुज़रने के बदले - इस बार तुम में पूरा समा जाए।

आँधी-तूफ़ान, सूनामी, भूकंप, बाढ़ - कुदरत का ही एक दस्तूर है। और सभी क्षणिक और रौद्र। सारी कुदरती विपदाएँ प्रमाण है इस बात का कि प्रकृति को भी चीख़ने, चिल्लाने, बह जाने और कांपने की ज़रूरत पड़ती है। तुम भी तो प्रकृति का ही एक हिस्सा हो।

तितली को अगर हाथ में धरो, तो हथेली में भी वह अपने रंग बिखैरना भूलती नहीं। मुझे यकीन है, तुम जहां भी जाओगी, अपना एक ख़ूबसूरत सा रंग छोड़ आओगी। असल में तुम तो चीज़ ही हो ऐसी! :) क्या किया जाए! और अब कितना लिखा जाए!

*****

सवालों का सफ़रनामा :

1. प्रकृति का वो कौन सा तत्व है, जो आपको बेहद पसंद हो और क्यों?

2. क्या उसमें और आपके अस्तित्व के बीच कुछ समानता है?

24

~~Once upon a time...~~ बस अब और नहीं... और कहानी शुरू हुई... फ़िर से

अरे, नौकरी छुट गई न तुम्हारी!

So sorry.

वैसे भी आज के ज़माने में तो नौकरी करना बहोत मुश्किल हो गया है और अब नयी नौकरी इतनी आसानी से मिलती भी तो नहीं!

मकानमालिक ने घर ख़ाली करवा दिया!

Oh, sorry.

पता नहीं क्या समजने लगे है लोग अपने आप को!

सुना है, divorce के papers तक file हो चुके है, बेचारी के।

कैसे संभालेगी अब सब कुछ अकेले हाथ!

I feel so sorry for her miserable life at this age!

Miscarriage हो गया?

Oh so sorry to hear her loss!

सुना है, अब दोस्त नहीं रहे तुम लोग!

इतने सालो की दोस्ती टूटने पे दर्द तो होता होगा ना! बिल्कुल समझ सक्ती हूं।

लगता है, अब इनसे सारे रिश्ते-नाते टूट चुके है, इन लोगों के। पता है, सारी community में सबसे अज़ीज़ थे। संभाल के ना रखो, तो आज-कल तो रिश्तों को भी नज़र लग जाती है, भला।

फ़िर एक दिन आइने के सामने खड़ी रह गई।

आइना पूछ रहा था...

क्यों sorry... किस लिए sorry... किससे sorry?

दूसरो का मुज़से sorry कहना ज़्यादा ज़रूरी है या मेरा ख़ुद से?

Sorry to my mind कि जिसने रात-रात भर stress लिया - उस नौकरी के लिए, जिस काम में उसका जी कभी लगा ही नहीं. क्यों की, उसकी रुह तो शायद कुछ ओर ही तलाश कर रही थी।

Sorry to my body कि किराए के घर में छत से टपकते पानी में भी इतने साल गुज़ारा कर लिया।

And extremely sorry to my soul, for spending the years with the partner कि जहां कुंडली तो मिल गई पर love language ना मिल सकी। Translate करते सच्ची में दम निकल गया पूरा।

Even sorry to my emotions, which were unable to explain the fact of abortion for unhealthy baby rather than the misconception of miscarriage.

और इतने साल ज़ंग खाई दोस्ती के लिए sorry to my one and only dearest self.

Sorry to me कि उस खोखले रिश्ते की show off की नींव को हटाने में इतनी देर लगा दी।

और आख़िर में, ढेर सारा शुक्रिया - ख़ुद का। ये महसूस करने के लिए कि - yes, once upon a time is done now. और "बस, अब ओर नहीं"।

And the whole narration starts to change...

Then after... forever.

*****

सवालों का सफ़रनामा :

1. वो कौन सी एसी चीज़े है, जिनके लिए आप के ज़हन से ये निकले कि - 'बस, अब ओर नहीं'।

25

बेटा - बेटी

बेटा, :(

दुनिया में किसी भी लड़की के लिए सबसे ज़्यादा थकान पैदा करनेवाला अगर कोइ भी शब्द हो, तो वो होगा "बेटा"।

जन्म से पहले ही "बेटे"की आस लगाए हुए, माँ-बाप के वहा ख़ास कर के जब एक बेटी का जन्म होता है, या फ़िर, परिवार में पिता का आकस्मिक अभाव हो उठता है - तो हिंदुस्तान में ऐसी कितनी ही बेटियाँ होंगी, जिन्होंने अपने feminism को sideline किए बस एक अच्छे "बेटे"होने का फ़र्ज़ अदा करना ही अपना कर्तव्य बना लिया हो। आख़िरकर, समाज के उन 4 लोगों को दिखाना जो था!

क्यों अक्सर लड़की को "बेटे" बनने पर ज़ोर दिया जाता है? लड़के को तो कोई "बेटी"नहीं बुला सकता यहां पे!

कितने अरमान कुचल जाते है, सिर्फ़ इस एक लफ़्ज़ के तले, "तु तो घर का बड़ा बेटा है!"

Feminism की धजिया उड़ जाती है, जब सामने परिवार से ज़्यादा उनकी अपेक्षाए नज़र आती है। जब की वो अपेक्षाए, तो शायद उसके जन्म के पहले से ही चली आ रही थी।

आइने में दिखाई दे रही एक "लड़की"को अनदेखा किए, हर बार ख़ुद से ये कहकर लड़ना पड़ता है कि, "no dude, you can't behave like this. You're so strong. You're a man of the house. So, just be like a man."

मस्तियाँ जब दरवाज़े पर दस्तक देती है, तो उनसे जा के ये कहना पड़ता है कि रुको ज़रा, पहले मैं थोड़ी भीतर की ज़िम्मेदारियों के आगे रूबरू तो हो आऊ। तब ज़िम्मेदारियाँ ही सहलाते कहती है कि, "No bro, you simply can't take a break just for fun, now. You have to earn for your family, for your reputation, for your heman-ship. Better luck for the next time."

Next time!

Really!

कोइ लड़का अगर ठीक हो तो boyfriend रख लेना। लेकिन sorry bro. No strings attached plz. और inter-cast शादी के बारे में तो ग़लती से भी ना सोचियो। सुना, तू तो आज ब्याह किए चली गई, फ़िर कल को भाई-बहन रह जाने है, पीछे - वो भी बिन-ब्याहे।

और ताज्जुब की बात ये है कि आज़ादी के 75 साल बाद भी, हिंदुस्तान की गलियों में कुछ जुमले आज भी ऐसे ही दोहराए जाते है...

जैसे की -

"एक बेटी ही है, अब की बार बस एक बेटा दे दीयो भगवानजी, तो क्या है न कि बस राम मिलायी जोड़ी बन जाए भाई-बहन की!"

"देखते ही देखते, तीन-तीन बेटियां दे दी, भगवानजी। अब एक बेटा भी दे दियो इस बार। मैं नंगे पैर चला आऊंगा आपके द्वार!"

"अरे, शर्मा जी, मुंह मीठा कीजिए। हमारे घर बेटा हुआ है!"

"अरे, गुप्ता जी, मुंह मीठा कीजिए। नौकरी लग गई छोरी की हां! बड़े सहर में। पहली कमाई के लड्ड है।"

"भई, क्या बात है कोहली जी, आपकी छोरी ने तो वाकेही में बेटा बन कर दिखा दिया।"

और फ़िर तो ये बहोत आम सी बात हो जाती है कि, 'भई, उसने तो एक बेटा बनकर सभी कुछ अच्छे से संभाल लिया'। And she lives happily ever after by being 'him'...

लेकिन अगर कभी इस थकानभरे शब्द का बोझ भारी लगे, तो आ जाना वापस। बाहें फैलाये feminism की जड़े आज भी, वहीं आइने की दहलीज़ पे खड़ी तुम्हारी राह देख रही है। तभी मुकम्मल होगी ऊपरवाले की तुम्हारे लिए लिखी ये दास्तान। जब तुम ख़ुद, आइने में देख ये कह सको कि And she starts to live by being 'her'.

*****

सवालों का सफ़रनामा :

1. आपका परिवार 'बेटा' और 'बेटी' को लिए कौन सा अभिगम रखता है?

2. आपकी सोच इस मामले में क्या है?

Love Yourself

Currency पर एक लाइन लिखी होती है -
"मैं धारक को __ रुपये अदा करने का वचन देता हूँ।"
और फिर blank में चाहे वो 10 हो या 500/-, फर्क नहीं पड़ता।
Line वही रहती है और Value भी।

ठीक वैसे ही, Home Maker हो या कोई और,
सबके लिए यही लागू होता है।

"मैं Universe को खुद से बेशुमार मोहब्बत करने का वचन देती हूँ।"
And trust me, the Universe loves her right back.

hello Me

I'm joy,

I'm love,

I'm everything, I need.

I'm happiness,

I'm sorrowful,

I'm hidden meaning to this.

I'm bold,

I'm brave,

I'm the grace of God within.

I'm lost,

I'm found,

I'm everything in between.

I'm whole,

I'm complete,

I'm everything I seek.

I'm imperfect,

I'm good enough,

I'm in awe with all of my flaws and flaunts.

I'm worthy,

I'm curvy,

I'm my own shining perkiness.

I'm fearlessly fearful,

I'm selflessly selfish,

And above all,

I'm Me - an unabashed, unapologetic, unreasonable Me.

So, hello Me.

*****

सवालों का सफ़रनामा :

1. क्या आप अपने आप से ख़ुश है?

2. आज के दिन में आपने ख़ुद के लिए क्या किया?

3. List down the things, which made you happy (from within) - in your childhood.

4. List down the things, which made you happy (from within) - in your teenage.

5. List down the things, which makes you happy (from within) - in your adulthood.

27

कुछ अधूरा सा - मेरी छोटी सी कहानी का सबसे ख़ूबसूरत हिस्सा

शायद मैंने तुमसे आज तक कहा नहीं।

पर मेरी छोटी सी दुनिया के तुम सबसे ख़ूबसूरत हिस्सा थे।

ख़ैर, अब तो ये भी एक कहानी के रोमांचक किस्से के अलावा ओर कुछ नहीं... पर फ़िर भी...

जिस दिन छत पे नहीं आते थे, तो सोचती थी, क्या हुआ होगा आज!

और जब आ जाते, तो झपाक से भाग जाती कमरे में!

मेरी ज़िंदगी की गड्डी की अगली सीट दरअसल तब पढ़ाई और सहेलियों ने ले रखी थी।

और मैं! मैं हिस्सा, गड्डी की पिछली सीट का,

अगली सीटवालो का ध्यान अक्सर बटा रहता - गड्डी चलाने में, नज़ारा - wide angle से देखने में।

पिछली सीट वाली मैं - बस यु ही ख़यालों में गुम।

सोचती रहती... शायद तुम्हें ये लगता होगा कि प्यार एक तरफ़ा है। और ये लगना भी लाज़मी ही था!

पर कम्बख़्त इंतज़ार...

तुम्हें... मेरे एक इशारे का।

और मुझे... शायद तुम्हारे proposal का!

ख़ैर, हम तो ठहरे बेगुनाह। अगर कोई क़सूरवार था, तो वो था उम्र का वो हसीन दौर, जिसने रूबरू करवाया भी तो 2 introverts को!

अब tinder के इस ज़माने में समझाऊ भी तो कैसे कि ये जो छज्जे वाला हमारा एक तरफ़ा प्यार है, उसने दुनिया में एक सबसे बढ़िया discovery भी दे रखी है!

नोटबुक का आख़िरी पन्ना... वो एक - दूसरे में घुल रहे 2 दिल, दोनों दिलों में एक - दूसरे के नाम के वो first letters... और उनमें से Cupid वाला एक तीर...;) The very first emoticon of love.

ख़ैर, नोटबुक का वो आख़िरी पन्ना तो रद्दी में चला गया। पर ज़हन में एक रोमांचक क़िस्सा ज़रूर छोड़ गया। वो क्या था। वो क्यों था। पता नहीं। हां, मगर इतना मालुम है कि बस था। कुछ तो था। और वो, जो भी कुछ था... अधूरा सा - माशाल्लाह, बेहद ख़ूबसूरत था। और इसीलिए आज कहती हूं कि मेरी छोटी सी दुनिया के तुम सबसे ख़ूबसूरत हिस्सा हुआ करते थे!

*****

सवालों का सफ़रनामा :

1. Write a beautiful memory about something of yours, which is incomplete yet very close to you.

2. After finishing the above writing, take a selfie. After all, एक ख़ुशमिज़ाज याद में इतराना तो बनता है। ;)

28

On my path... get set... go...

April lily, cactus, ब्रह्मकमल - ये सब वो फूल है, जो पूरे साल में सिर्फ़ एक बार खिलते है। और जब ये खिलते है, तब इतने ख़ूबसूरत लगते है कि कोई भी इनसे नज़रे नहीं हटा सकता! तो क्या पूरे साल, वे सिर्फ़ ये एक ही पल का इंतज़ार करते रहे होंगे! कि... कब वो दिन आए, जब वे अपने पूर्ण रूप से खिल पाए! और अगर करे, तो महज़ इस इंतज़ार में तो पूरा साल ही चला जाए! फिर पूर्ण रूप से राबता हो भी पाए, तो बस वो 2 घड़ी का।

मगर ऐसा नहीं होता ना! ये सारे फूल अपने हर एक लम्हें में ख़ूबसूरत है। हाँ, खिलने पे थोड़ा ज़्यादा ज़रूर। लेकिन, खिलने के बिना भी वे सुंदर तो है।

तो बस ठीक वैसे ही, तुम भी ख़ूबसूरत हो। और हा, वो पूर्ण रूप से खिलना - याने की - उस एक अज़ीज़ लम्हें का, या किसी एक ऐतिहासिक घटना का या फ़िर किसी एक विराट व्यक्तित्व का - अब और इंतज़ार ना करते हुए, बस आज से, इसी

पल से ये कहते है कि... On my path... get set... and let's just gooo.

*****

सवालों का सफ़रनामा :

1. If you're provided with all the facilities you ask for, then what do you wish to START today?

2. List down the incidents of your life, where you could, should and would do better.

3. Now, just take a deep breath and release all the 3s - could've, should've and would've. It's much better, now. What say?

29

टेढ़ी है, पर मेरी है - ये ज़िंदगी

ऊपरवाले ने ये ख़ूबसूरत सी ज़िंदगी क्यों दी है?

पड़ौसियों के CCTV camera बनने के लिए?

रिश्तेदारों में लड़के और लड़कियों की match-making कराने वास्ते?

Horoscope में रोज़ ही अपना राशिफ़ल देखने ? और ये जानते हुए भी कि जहां सीता और शूर्पणखा की राशी एक थी। तो राधा और रुक्मणी की राशी भी एक ही थी।

House helpers को खरी-खोटी सुनाने?

EMI की किश्तें भरने के लिए?

"Sale" की board देखें, उसमें ज़बरदस्ती घुसने के लिए?

शगुन के लिफ़ाफ़ों का हिसाब-किताब रखने के लिए?

हर महीने Salon की मुलाक़ात लेने के लिए?

Spa का discount check करते रहने के लिए?

Exotic locations की deals को lock करने के लिए?

हीरे और सोने के पीछे पागल होने के लिए?

शादी करके घर बसा लेने के लिए?

बच्चे पैदा करने के लिए? या उनके syllabus की चिंता करने के लिए?

पति के tiffins भरने के लिए या फ़िर उन्हें रडार में रखने के लिए?

एक अच्छी बेटी, माँ, बीवी, बहु या एसा कोई ख़िताब हासिल करने के लिए?

दफ़्तर की 9 से 6 की नौकरी के लिए?

या फ़िर घर पे पूरे दिन की नौटंकी के लिए?

तो सवाल... अब भी वही है,

ऊपरवाले ने ये ख़ूबसूरत सी ज़िंदगी क्यों दी है?

और जवाब है - ख़ुद को तराशने के लिए।

So,

On your marks, get set, go...

Just go and bake a cake.

जिसकी recipe सालों पहले अखबार में आई थी और अभी भी गद्दे के नीचे महफ़ूज़ है। तो क्या हुआ, अगर आज किसी का जन्मदिन नहीं भी है तो! इस बार ख़ुद के लिए बना लेते है।

Just go and try your hands on that beautiful rangoli.

जिसका screenshot gallery में आज भी favourite folder में हिफ़ाज़त से रखा गया है। तुम्हारी रंगोली किसी भी उत्सव या त्यौहार की मोहताज कैसे हो सकती है! तुम शायद जानती नहीं, पर उस रंगोली के रंगो को भी तुम्हारी उँगलियों की छुअन का कब से इंतज़ार है।

Just go and pick those beautiful flowers.

उनको माला में सजाए, बालों में लगाना। देखना, इस बार पूरी चहक़ उठोगी तुम। क्यों की, फूलों से भी ज़्यादा तुम्हारी ख़ुशी की महक जो हवा में बिखरेगी।

Just go and sit and write.

तुम्हारे जज़्बातों की कहानी, इस बार ख़ुद ही के अल्फ़ाज़ो की जुबानी। Let them flow. बारिश की बूँदो को भी भला कभी गिन के बरसता देखा है किसी ने?

Just go and get that perfect wave in your pottery piece.

मिट्टी का बुलावा काफ़ी कम लोगों को नसीब होता है। तुम ख़ुशनसीब हो, जो तुम्हें बुला रही है। तुम्हारे हाथों से ख़ूबसूरत pottery piece का मुकम्मल होना भी एक रिश्ता ही तो है - ख़ुद का मिट्टी से हुआ एक नायाब इश्क़!

Just go and take that skateboard and swirl around your being.

यक़ीन मानो, ऊपरवाला भी ये झुमती हुई ख़ूबसूरती की तस्वीर ज़रूर खिंचता होगा।

Just go and knit that old shawl, which you had started once and left somewhere in the middle. Trust me; the wool missed your touch as much as you missed that.

Just go and grab that book in one lonely corner of your home and make it lively with the presence of you, your book and a cup of chai. कहानियाँ ख़ुद चुनती है उनके पढ़नेवालों को। जैसे ये वाली आप तक पहुँच ही गई, है न! :)

Just go and give that dress of yours, which is anyway not fits on you anymore. Who knows, your empty cupboard is a call for a new perfectly fit dress as such.

Just go and grab your kid's paint brushes and paint your bag. जब भी कंधे पे जाएगा, इतराना तो बनता है।

देखो मेहमानों के बिना भी dinner sets table पे आ सकते है, मोमबत्तियाँ जल सकती है और किसी ख़ास अवसर के बिना भी तुम सज-संवार सकती हो।

और सवाल तो अब भी वही है।

ऊपरवाले ने ये ख़ूबसूरत सी ज़िंदगी क्यों दी है?

और जवाब भी वही है - ख़ुद को जानने के लिए, ख़ुद से मोहब्बत करने के लिए, ख़ुद को तराशने के लिए और ख़ुद को ख़ुशियों से भर देने के लिए।

और ज़रिया है - आये दिन तुम बस तुम्हारे होने का जश्न मनाओ। बाक़ी का... वो संभाल लेगा। :)

*****

सवालो का सफ़रनामा :

1. आज तुमने तुम्हारे होने का जश्न कैसे मनाया?

30

बस तू

अगर चाँद - तारों ने सीमाए तय की होती कि इतने इलाके में ही वे प्रकाशित होंगे, बाकी में नहीं।

अगर आसमानने भी हदें बनायी होती कि ज़मीन से सिर्फ़ चंद फ़ूट की दूरी पर ही वे पंछियों को उड़ने की इजाज़त दे पायेंगे। उसके आगे बस उन्हीं का आसमान तो उन्ही का जहां!

अगर सूरज ने भी working hours के साथ-साथ working days भी fix कीए होते कि weekends को तो वो भी अपने 7 घोड़ो के साथ अंतरिक्ष में कहीं तो outing मनाने चला जाएगा। लेकिन पृथ्वी की ओर नहीं आएगा!

अगर ख़ूबसूरत घाटियों ने फूलों पे पाबंदी लगाई होती, ये कहकर कि यहां पे उनका होना, जनजीवन के लिए हानिकारक हो सकता है!

अगर हवा ने ख़ुद का दायरा तय किया होता कि इसके आगे अब वो ओर नहीं चल सकेगी। और वो अब यहां तक ही ठीक है!

प्रकृति इतनी ख़ूबसूरत माशाल्लाह इसीलिए है। क्यों की, वह अपने तत्वों को - दायरे, हदें, सीमाओं में बांधना महज़ जानती ही नहीं।

दायरें, हदें, सीमाए...

देश की, घर की, बात-चीत की, skirt की length की, shirt के खुले buttons की, heels की height की, lipstick के लाल shade की, आँखों के इशारों की, बोली में अल्फ़ाज़ों की, सुकूनभरे सपनो की, एक ही घर में भी अपनो की, होसलों में जुनून की, बेबाक़ फैसले की, बेपरवाह हंसी की, बचकानी शरारतों की, सुबकने के decibels की, रातभर अंगड़ाईयाँ लेती सिल्वटों की, अश्कों के पेहरे भरते तकियों की, घुंघट की लंबाई की, कमर की चौड़ाई की, शगुन में मिले चंद रुपयों की, एक ही बिस्तर पे भी फ़ासले की, किसी अजनबी से भी नज़दीकियों की, गिनतीसभर गुस्ताखियों की, गैरो के सामने जी-हुज़ूरी की, कभी साथ ना देनेवाली परछाइयों की, ख़ामख़ा होती रुसवाइयों की, सब के सामने पर कहीं किसी एक कोने में होती सरगोशियों की, जगड़ो से होती एक लंबी ख़ामोशियों की और ख़ैरात में मिली इस आज़ादी की...

तो,

घुटन कब तक?

दायरें जब तक।

चुभन कब तक?

हदें जब तक।

जलन कब तक?

सीमाए जब तक।

नाराज़गी कब तक?

दायरें, हदें, सीमाए - तब तक।

औज़ार?

तू।

उपाय?

तू।

प्रश्न जब तू तो समाधान भी तू।

अणु में अगर तू तो पूरा ब्रह्मांड भी तू।

आदम भी तू और इव भी तू।

शक्ति भी तू और शिव भी तू।

प्राण अगर तू तो प्रकृति भी तू।

हां तू।

और इस बार, बस तू।

*****

सवालों का सफ़रनामा :

1. Do you feel any set boundaries around you?

2. How do you feel within these boundaries?

31

Who am I... in this beautiful world?

Who am I in this beautiful world!?

I'm a daughter, I'm a sister, I'm a wife, I'm a mother, I'm a daughter-in-law, I'm a sister-in-law.

Yes, you're every role, you play.

And still, none of them defines you.

Who am I in this beautiful world!?

I'm a lawyer, I'm a doctor, I'm a pilot, I'm a CEO, I'm a teacher, I'm an entrepreneur, I'm a homemaker.

Yes, you're every designation, you carry.

And still, none of them defines you.

Who am I in this beautiful world!?

I'm an acne ambassador, I'm a stretch marks holder, I'm a silver hair stripes owner, I'm a freckles publisher, I'm fair and lovely, I'm black and ugly, I'm a fat buffalo, I'm a slim goat, I'm bloody hot, I'm super cool.

Yes, you're every ounce of these.

And still, none of them defines you.

Who am I in this beautiful world!?

I'm a part of a herd, yet alone I'm a nerd,

I'm a social animal, although an anti-social bitch,

Yes, you're every label, you owned.

And still, none of them defines you.

Who am I in this beautiful world!?

I'm Rambha, I'm Menka, I'm Seeta, I'm Geeta, I'm Frida, I'm Amrita, I'm Curie, I'm Juliet.

Yes, you're a part of a history but darling, you're such a mistry that none of them defines you.

Then, who am I in this beautiful world!?

Please show me... Who am I!?

Yes,

You're a favourite child of God.

And connected with the sourse.

You're gifted with kind heart.

You're the first ray of sunshine.

You're the last wave of your child.

You're the dew drop on the leaf.

You're an ocean of the grief.

You're an essence of being.

You're a grace and glory, one needs.

Yes, you're absolutely You... because you're unique.

*****

Questions:

1. What is your relationship with the God? And why that as such?

    1. A friend

    2. A philosopher

    3. A guide

    4. A light

32

Self love

Salon में manicure हो या ना हो,

लेकिन इस महीने, ख़ुद ही के ज़हन की कितनी मरम्मत हो पाई - ये मुआयना कर पाना - self love है।

Netflix पे binge watching हो या ना हो,

ख़ुद में झाकें, रूह के साथ, रूबरू होना और उसकी आहट को बिना headphones भी सुन पाना - self love है।

LBD पहने किसी party में stand out हो पाए या नहीं,

पर समय-समय पे अपने वजूद के लिए आवाज़ उठा पाना - self love है।

दुनियादारी की gossip में चमक कर page 3 celebrity बन पाए या नहीं,

मगर अपने unexpressed emotions को ज़ुबान दे पाना - self love है।

खूब जमता है रंग - जब आधी रात को मील बैठते है - ३ यार - desert hunger pangs, गीला तकिया और तुम।

लेकिन अपने इस बिखरे जज़्बातों को समेटे भी, सुबह अपने सपनों की दहलीज़ पे पहला कदम रख पाना - self love है।

ये साल solo trips या adventure treks का plan मुकम्मल हो पाए या नहीं!

मगर अंजाम की परवाह ना किए, रूह के GPS पे, आँखें मूँद, सिर्फ़ एक बार चल पड़ना - self love है।

आईने में abs दिखे या नहीं!

ख़ुद के ऐब बस एक बार दिख जाए - वही self love है।

सुबह में १०८ बार माला जपे या नहीं,

पूरे दिन में, १०८ बार उसकी नेमतों के लिए शुक्रिया अदा कर पाए - वो भी self love है।

किसी को show off करने के लिए नहीं।

पर सिर्फ़ ख़ुद के लिए show up करना भी - self love है।

फ़िज़ूल के वक़्त में porn देखे या नहीं,

लेकिन समय-समय पे रूह को टटोलना - self love है।

भले ही hookups में masters और breakups में ph.D कीया हो,

फिर भी, सही-ग़लत की आपा-धापी में गुम ना हुए, एक ओर बार अपने दिल की सुनना - self love है।

बिल्ली के रास्ता काटने पे तुम मुड़ो या नहीं,

मगर इस सीधी-सादी ओर अच्छी-खासी ज़िंदगी में आनेवाले मोड़ पे, सिर्फ़ ख़ुदा को हमसफ़र माने, मुड़ जाना - self love है।

आईने में winged eye-liner दोनों sides पे ठीक हो या ना हो,

लेकिन मुश्किलों से लड़ना,

लड़ते-लड़ते हारना,

हारकर बिखरना,

बिखरे अश्कों को समिटे फिर निखरना,

और निखरते हुए एक बार फिर से संवरना।

आईने में, रोज़ ही अपने इस जज़्बे को सलाम करना - self love है।

समाज की "good book list" में नाम दर्ज हो या ना हो!

लेकिन, चित्रगुप्त के register में - अपना नाम "tried and tested" - के list में सबसे पहले दर्ज हो - ये assurance का होना भी self love है... self love है... self love है...

अल्फ़ाज़

मुआयना - analysis

मुकम्मल - complete

*****

सवालो का सफ़रनामा :

1. आपके लिए self love क्या है और कितना माइने रखता है?

33

मैं जानती हूं कि...

मैं जानती हूं, पराठे तो कोई भी बना लेगा।

पर जैसा मैं बनाती हूं - प्यारा सा कुछ गुनगुनाते, आटे से ज़्यादा - मस्ती से भरे, :) वैसा वाला ज़रा सा मुश्क़िल है।

मैं जानती हूं, लिख तो कोई भी लेगा।

पर जैसे मैं लिखती हूं - दिल से स्याही और स्याही से सीधा काग़ज़ - नशा ही समज लो एक, वैसी लिखाई थोड़ी सी कठिन होगी।

मैं जानती हूं, बच्चा तो कोई भी पाल लेगा।

लेकिन एक माँ, न हुए उसकी सहेली बने, ज़िंदगी के हर मोड़ पर उसका साथ निभाना, ख़ासियत कही जा सकती है।

मैं जानती हूं, अंधेरे से तो कोई नहीं डरता।

मगर मेरे जैसा जज़्बा कि घना अंधेरा होने के बावजूद भी, ये मानना कि - I matter - ये जज़्बा क़ायम रखना भी एक बात तो है।

मैं जानती हूं कि पौधे तो कोई भी उगा लेगा।

लेकिन, हर पौधे को उसका नाम दिए प्यार बाटना - दिक़्क़तवाला तो है।

मैं जानती हूं कि क़िताब तो कोई भी पढ़ लेगा।

पर मेरे जितना गहरा नाता उससे शायद ही किसी का हो।

मैं जानती हूं कि चाय तो कोई भी बना लेगा।

पर काश कि चाय में, इलायची का ज़ायका सिर्फ़ इलायची से ही होता, मेरे हाथों से नहीं!

मैं जानती हूं कि शॉल तो कोई भी बुन देगा।

लेकिन, मेरे हाथों सी गरमाहट भला कहाँ से लायेगा!

मैं जानती हूं कि संगीत तो कोई भी सीख लेगा।

मगर साधना तो हर किसी के बस की बात नहीं।

मैं जानती हूं कि फ़िल्म तो कोई भी देख लेगा।

पर 2-3 दिन बस उस फ़िल्म के किरदारों में अपने आप को खोजते रहना - क्या कम मशक्कत है! ;)

मैं जानती हूं कि कहानी तो कोई भी कह लेगा। पर जज़्बातों के समंदर में गोते लगवाना... - समझ ही सकते हो।

और आख़िर में, मैं ये सच जान गई हूं कि मैं तो कभी भी replace हो सकती हूं। लेकिन, मेरे जैसी तो मिलने से रही।

*****

सवालों का सफ़रनामा :

1. List out the best things or activities, where no one can replace you.

34

राह कब तक

तो सवाल है - राह कब तक?

शुक्रवार की शाम की,

सफ़ेद घोड़े पे सवार - वो असवार की,

Summer outfits की,

Candle light dinner की,

घर की ही महँगी crockeries में मेहमान के बिना ही खाना ख़ाने की,

वो अलमारी में छिपाके रखी lingerie पहने आइने में ख़ुद को देखने की,

एक दिन वज़न कम होने पे वो सबसे पसंदीदा LBD के ज़रूर से fit आने की,

या फिर एक दिन abs दिखाए वो swimwear try करने की,

इस वाली बारिश में तो पक्का भीगने की,

एक single तो अपने सुर में इस साल ही record कर पाने की,

Recipes की YT channel खोलने की,

Taxation और banking के बारे में पूरी जानकारी लेने की,

अरे... bike सीखने की,

इस बारिश के मौसम में, nursery में ठहरे उस मोगरे के पौधे को घर के गमले में सजाने की,

उस एक सहेली से माफ़ी मांगने की,

उस एक दोस्त को माफ़ करने की,

Finally, girls trip पे जा पाने की,

Tequila shots के बाद नींबू और नमक चख़ने की,

Belly होते हुए भी belly dance में enroll करने की, ;)

बिस्तर में सही में turn on हो पाने की,

माँ से सारी रंजिशें छोड़, ठीक से गले मिलने की,

पापा से वो एक सवाल, जो ज़ेहन में बचपन से लिए घुम रहे है - वो पूछ पाने की,

सपने के लिए वो पहला क़दम आगे बढ़ाने की,

पहली तनख्वा घर पे दीए, फ़र्ज़ अदा कर पाने की,

मुद्दतों बाद, वो heels पहने टहल पाने की,

वो वाले trek पे इस साल तो at least चले ही जाने की,

पहली बार stage पे कुछ बोल पाने की,

अपनी बात सही से रख़ पाने की,

सच्चीवाली मोहब्बत से proposal आने की,

नौकरी में appraisal की,

सहेली से बेतुक़ी बातो का लुत्फ़ उठाने की।

तो सवाल अभी भी वही है - राह कब तक?

तो जवाब है - चाह जब तक...

इस बार, ज़िंदगी में लम्हें नहीं, बल्कि लम्हों में ज़िंदगी भरने की चाह, जी भर खुल के जी पाने की चाह, goosebumps वाले ढेर सारे लम्हें बटौरने की चाह, अपनी ख़ुशी को prioritise कर पाने की चाह, अपनी कहानी फ़िर से एक बार ख़ुद लिखने की चाह, आइने में एक भी सवाल ना किए, ख़ुद से प्यार कर पाने की चाह और सही मायने में, ख़ुश होने की चाह - जब तक।

*****

सवालों का सफ़रनामा :

1. क्यों न आज रात, इतने सालो से ज़हन में भरी हुई चंद अधूरी ख्वाहिशों का एक list बनाया जाए!

2. और अब उस list से अगर यू ही कुछ गुफ़्तगू भी हो पाए, फ़िर तो माशाल्लाह सोने पे सुहागा! :)

    P.s.

    यक़ीन मानिए। हसरतों का मुकम्मल होना, सीधा तुम्हारे मुकम्मल होने से जुड़ा है। तो इस बार, जी-जान से। ठीक है? :)

35

The nature has the best cuisines, for those who taste

सुना है, तुम रोज़ ही रसोई चखती हो,

कभी-कबार प्रकृति नहीं चख सक्ती क्या?

याद है, वो इकलौता चित्र, जो तुम बचपन में अक्सर बनाया करती थी। बादलों से घिरा आसमान, आसमान में उड़ते पंछी, ज़मीन पे खड़े ढाई पहाड़, बीच में सूरज, सूरज से फैलती किरणे, पहाड़ो के बीच से निकलती नदी और नदी के पास हरी घास पे बना एक छोटा सा घर।

चलो, आज उस चित्र को एक नज़र, फ़िर से देखते है।

वो बादल - जो धरती के लिए तरसता है, ज़रूरत पड़ने पर गरजता और जी-भर बरसता भी है।

मेरी जान, तुम भी तो तरसती, गरजती और बरस-बरस कर ख़ाली हो जाती हो।

किस लिए?

रिश्तों में सुकून के लिए, जीवन में जुनून के लिए, अपने वजूद की पहचान के लिए और वो एक - सबसे अज़ीज़ अरमान के लिए। तो वो बादल और कोई नहीं - वो बादल सिर्फ़ तुम हो।

वो खुला आसमान - जो सीमाए नहीं जानता।

वो आसमान, जो किसी भी रंग में ढल जाता है।

वो आसमान, जो अपने में बहोत कुछ समाए हुए है - बादल, पंछी, धूप, क्षितिज, इन्द्रधनुष।

तुम वो आसमान हो - सीमाओं से पार वाला, किसी भी परिस्थिति में ढल जानेवाला, अपने भीतर काफ़ी कुछ समानेवाला - वो आसमान तुम ही हो।

वो पंछी, जो जानता है सिर्फ़ उड़ना और चहकना।

तो क्या तुम भी वही पंछी नहीं हो! जो यही 2 चीज़ें चाहती हो!

रोज़ सुबह 2 चीज़ों का होना तय है - सूरज का निकलना और तुम्हारा उठते ही काम पे लगना। सोचो, अगर सिर्फ़ एक इतवार को, तुम दोनों ही छुट्टी पे चले गये तो! ;)) ये पूरे संसार की सिट्टी-पिट्टी गुम होना तो तय है। तो हुई न, वो सूरज की रोशनी भी तुम!

वो ढाई पहाड़ - 2 पूरे, 1 आधा।

दिखने में सुंदर पर चढ़ाई कठीन।

प्रेम - ढाई अक्षर - 2 पूरे, 1 आधा।

दूसरो में ढूंढना आसान, ख़ुद में खोजना मुश्किल।

और मज़े की बात ये है कि जिसने पहाड़ बनाए, चढ़नेवाले भी उसी ने बनाए। जिसने "प्रेम" बनाया, ख़ुद में खोजने का रास्ता भी उसी ने दिखाया।

तो फ़िर पहाड़ पर चढ़ पाना - तय है। ख़ुद से प्रेम हो जाना - तय है। क्यों की, तुम ही पहाड़ हो और प्रेम भी तुम।

वो नदी, बिना किसी GPS के, अपना रास्ता ख़ुद चुनती है।

सागर से मिलने का तो एक बहाना है। दरअसल, जहां सफ़र इतना रोमांचक हो, वहां मंज़िल भी एक ठिकाना है।उसे नदी कहु या ख़ानाबदोशी की लहर, gypsy कहु या nomad - या फिर कह दू "तुम"!

वो हरी घास - जो ओस बूँदें सजाए, बहोत ख़ूबसूरत लगती है। यक़ीन मानो, तुम भी उतनी ही ख़ूबसूरत लगती हो - ख़ासकर, जब अश्कों को पलकों पे सजाती हो।

और अंत में हरी घास में लिपटा, वो छोटा सा घर। तुम्हारे सुकून का पता। और हां, उस में तुम झलकती हो।

हां तो, सुना है, तुम रोज़ ही रसोई चखती हो, तो मेरी जान, कभी-कबार प्रकृति भी चख लिया करो, यार।

*****

सवालों का सफ़रनामा :

1. क्या तुम्हारी ज़िंदगी चखनेलायक है ? इसमें से कौन सी category में है अभी?

   A) adventurous

   B) Vivacious

   C) Dramatic

   D) Interesting

   E) Inspirational

   F) फिद्दी

2. उसे लिज़्जतदार बनाने के लिए कौन सा ingredient डालना चाहोगी?

36

I'm ME

I'm me, when I thoroughly feel me, from deep within.

I'm me, when I connect with my core directly and not flipping.

I'm me, when I shut down this outer world and just listen to me.

I'm me, when I stand and speak up for me.
And this time, not by just believing but having faith in me.

I'm me, when I know me and therefore eventually falling in love with me.

I'm me, when I grab a steering wheel and driving the car of my life.

I'm me, when I see my past as connecting dots and not by the guilt shots.

I'm me, when I bow to the universe & know that the whole universe is within me.

I'm me, when I perform only 1 duty and that is giving back the joy to the li'l me.

And lastly, I'm me - when I'm only this version of ME. And I'm wearing that very ME today.

So, again hello ME.

*****

Questions :

1. Which version of yours enthralled you the most?

2. Are you wearing that today?

37

उम्मीद की नींव

Uniforms - अगली रात को ही तैयार करके रख देती हो।

नाश्ते की कुछ तैयारियां भी अगले दिन से शुरु हो जाती है।

रात को दही भी ठीक से जमाने रख देती हो।

गर्मियों में, सालभर का अनाज - मसालो से ले के, अचार और टमाटर ketchup तक तैयार हो जाता है। ताकि अगला साल घर से बनी पौष्टिक चीज़ों से अच्छे से गुज़र पाए।

Out of the town जाने से पहले चाबियों के गुच्छे के साथ -साथ पड़ौसी को पौधो की और दोस्तों को pets की ज़िम्मेदारियाँ भी सौप के जाती हो।

बच्चों के अगले साल की किताबें भी आगे ही order कर देती हो।

अरे, पूरे साल की छुट्टियों का calendar भी तो तुम by heart रट्टा मार लेती हो।

Fuel की टंकी भी full करवा के रखती हो।

जो भी coaching ले रही हो, उनकी fees तक advance pay कर देती हो।

अब इन सभी चीज़ों से एकदम ही विपरीत तुम्हारा सिर्फ़ सपनो के बारे में ही "उम्मीद"पे सवाल उठाना - कितना लाज़मी है ? इन सभी में बस वो उम्मीद ही है, जिसकी नींव पे तुम हर बार इमारत खड़ी कर देती हो।

उदाहरण के तौर पे, छुट्टियों की तारीखें मीलते ही block holidays को ध्यान में रखें, सब planning शुरु हो जाती है तुम्हारी। फ़िर चाहे वहा पे जाना महज़ cancel ही क्यों न हो जाए!

देखा जाए तो, तुम्हारा पूरा संसार भी तो उम्मीद पे ही टिका है। लगता है कि उम्मीद के कंधे काफ़ी मज़बूत होंगे। है न! तो कभी अगर सपनों का संतुलन ज़रा सा भी बोखलाया हुआ लगे, तो उन्हे हिफ़ाज़त से, उम्मीद के कंधो पे टिका दियो। अब उम्मीद पे

तो दुनिया कायम है, तो सपने भी तो महफ़ूज़ रह सकेंगे और वो भी हमेशा।:)

*****

सवालों का सफ़रनामा :

1. तुम्हारी ज़िंदगी आज-कल कौन सी उम्मीद पे टिकी है?

38

Real = Raw = Rare = You

A real chef makes one delicious dish from whatever is present or leftover. Instead of binge watching a series of cookery shows.

A real writer writes from whatever the heart speaks. Instead of settling into a particular format or awaiting for that inspiring kick.

A real artist takes the brush in hand and just start painting. Instead of the preparations for that picturesque framed one.

A real reader doesn't choose a book to read in order. But it's a fact that every book chooses it's readers.

A real designer just do sketches on paper and followed by on the fabrics. Instead of waiting for the special threads to arrived by.

A real art speaks it's values directly to your heart. Instead of the social media shenanigans.

A real fitness enthusiast just pick up the bag and hit the gym. Instead of keeping the calorie meter handy all the time.

A real singer sings in the bathroom and in the kitchen as beautiful as on the stage. Instead of dreaming the Grammy 24by7.

A real worshipper prays while meditating, eating, bathing, making an art or in any such verbs. Instead of going to the particular places and doing nonstop chanting.

A real biker gets fuel along with the other preps done and just vroom. Instead of trapping into an illusion of the wanderlust.

A real composer creates music even with the handy spoon. Instead of some fancy musical instrument to be repaired off.

A real is basically raw. And in this era, the rawness is rare. So stay real. Stay raw. Stay rare. And in short, stay you. :)

*****

Questions :

1. What's that one thing, which you usually do it randomly. And most of the times, it's outcome is just a bloom.

2. What are your superpowers, which make you the unique YOU.

Celebrate Yourself

Crawl, walk and jump - Done.

Now, it's time to fly.

Dear self,

इस बार अपनी कुर्सी की पेटी खोल ले।

And we're gonna fly really high this time. Because we deserve this beautiful, amazing flight named "life".

39

झुर्रियां

एक दफ़ा इस दुनिया से एक लफ्ज़ अलविदा लेता है - और वो है -
Anti-aging.

तो अब चाँद बालियाँ को छोड़, बालों में चाँदी का trend ज़ोर
पकड़े है।
और तो और, फ़र्ज़ी लीपा-पोती का भी क्या ख़ूब the end है!

जहां कल तक "love yourself" के नारे सिर्फ गूंज रहे थे, वहां शायद
सही मायने में ये phrase लोग अब जीना शुरू किए है।

माथे की उस शिकन को भी अब royal crown का दर्जा मिल
चुका है।

और सुनिए!

75 साल की वो जवां गुड़िया शादियों में अब - "ओ मेरी ज़ोहराज़बी" पे नाचना छोड़, गीत का "मैं अपनी favourite हूं" - dialogue से महफ़िल में रंग जमाती नज़र आती है!

CONCEALER से dark circles की तहों को छुपाना, अब वो गँवारा नहीं समजती।

क्यों की, अब वो ये सच जान चूकी है कि उसका चेहरा ऊपरवाले की एक ख़ूबसूरत नेमत है और उस नेमत को किसी भी फ़िज़ूल मरम्मत की ज़रूरत कहां!

जैसे SURF EXCEL की advertisement में दाग़ अच्छे है, ठीक वैसे ही filters भी अच्छे है। फोटोग्राफी में या कॉफ़ी के लिए...

पर आप! - आप तो जनाब, बिना filter ही क्या ख़ूब क़हर ढाते है!! :)

तो चलिए, आज क्यों न एक नया लफ़्ज़ आज़माते है!

Pro-aging.

याने की बढ़ती उम्र में एक सलीके से ढलना।

कैसे?

ऐसे :)

1. Dentures भले ही हो शायद, पर पानीपूरी को कभी "ना"नहीं कहना :)

2. आँखे चाहे मोतियाबिंद से घिरी हो, लेकिन Netflix का subscription समय पे करवाना :)

3. हाथ में हाथ धरे, सूर्यास्त का लुत्फ़ उठाते, एक लंबी walk पे चले जाना, फिर चाहे रात को पड़ जाए घुटनों पे मलहम लगाना ;)

4. अगर हो बारिश, तो ख़ास scooter पे थोड़ा सा भीगते - थोड़ा सा भीगाते, नुक्कड़ के उस भुट्टेवाले को सरेआम न्याय दिलाना ;)

5. अटरिया से चंद पुराने albums निकाले, अदरकवाली चाय की चुस्कियो के साथ, यादों की उन गलियों को फ़िर एक बार साझा करना।

और बस इन्हीं सारी शौकियों को आए दिन, ज़्यादा नहीं सिर्फ़ २५० gm ज़िंदा रखना, झुर्रियों को एक ज़रिया बनाना और ज़िंदगी से ख़ूब सारी इश्क़िया लड़ाना!

क्यों की, मुस्कुराहट को चाहे - the most beautiful curve on a woman's body का ख़िताब मिला हो, हमारी झुर्रिया भी तो, इस ख़िताब के लिए टक्कर दे सकती है! क्या कहते हो!

*****

सवालों का सफ़रनामाः

1. ढलती उम्र को ले कर, आपका रवैया कैसा है?

2. आप अपनी ख़ुद की ढलती उम्र को कैसे बिताना पसंद करेंगे? और यहा पे, जीवन बीमा polices नहीं, बल्की जीवन जीना polices के बारे में गौर फरमाइयेगा।

40

रमती जोगन

तन मेरा साँवला सही, मन ये बावला रखती हूं।
कंधे पे ज़िम्मेदारियों को pause किए, मैं backpack का बोझ
उठा लेती हूं।

लोग मिन्नतें पूरी करते है, नंगे पांव चल कर,
मेरा तो सजदा हो जाता, पैरों से धरती को चूमकर।

रंजिशो से भरी इस दुनिया में, बस ख्वाहिशें बेशुमार रखती हूं।
अब कितनी ? ये मत पूछ लेना,
क्यों की, सब तो रखते होंगे bucket list,
मैं तो टंकी list बनाये फिरती हूं।

Gypsy soul, wanderlust और घुमक्कड़ के शब्दकोष में "रमती
जोगन" पे tick mark लगाती हूं,
हिरनी हूं मैं जंगल की, एक जगह कहां टिक पाती हूं।

जहां सब पड़े है सुकून के पीछे, वहाँ मैं अपना जुनून जगाती हूं।

अजी कस्तूरी तो एक बहाना है,

सच कहूँ, तो असल में अपना इल्म जो दिखाना है।

अक्सर लोग कहते हैं, बचपना नहीं गया मेरा,

इठलाती मैं भी कहती हूं, अगर हो सके तो आप भी ले लो उधार थोड़ा।

तन मेरा साँवला सही, मन ये बावला रखती हूं।

कंधे पे ज़िम्मेदारियों को pause किए, मैं backpack का बोझ उठा लेती हूं।

*****

सवालों का सफ़रनामा :

1. What's the fuel of your soul? आपको क्या ज़िंदा रखता है?

2. Make your bucket list now. What are you planning to accomplish in this year?

41

तू लिख के लफ़्ज़ आज़ाद है तेरे

तू आज़ाद ना सही, पर लफ़्ज़ों पे बेड़ियाँ कैसी?

शायद इसीलिए...

और शायद इसीलिए...

बस तू लिख।

तू लिख - वो सारी बातें, जो बतानी नहीं थी।

तू लिख - वो सभी मुलाक़ातें, जिनके ज़िक्र पे भी सवाल उठ सके।

तू लिख - वो अनसुनी कहानियाँ, जो कभी सुनानी नहीं थी।

तू लिख - वो सारी जुस्तजू, जिसने घुट-घुट के दम तोड़ दीया।

तू लिख - वो सारे शिकवें-शिकायतों की दास्ताँ, जो किसी से भी, कभी भी कहनी नहीं थी।

तू लिख - वो तकिये की क़ीमत, जिस पे अश्कों की सवारी निकला करती।

तू लिख - वो साड़ी की सालगिरह के साल, जो किसी सालगिरह का एक ख़ूबसूरत तोहफ़ा हुआ करती।

तू लिख - वो जन्मो-जनम के क़समे-वादें, जो शायद तोड़ने नहीं थे।

तू लिख - आज सारी रंजिशें, पूरे आलम की।

तू लिख - वो सारी बंदिशें ज़माने की।

तू लिख - under the title - #ssssshhhhh

तू लिख - वो सब कुछ, जो तू कहना चाहती है।

पर इस बार वो नहीं, जो लोग सुनना चाहते है।

और इसीलिए तू लिख।

बस तू लिख।

क्यों की,

लिखना तेरी ज़रूरत है।

और लिखना इबादत भी।

लिखने पे अगर सवाल है, तो लिखाई में जवाब भी।

ज़हन की कशमकश, जब काग़ज़ की सफ़ेदी का लिबास पहनेगी, तो क्या पता, मेरी जान, तु ख़ुद से ही रूबरू हो जाए!

अगर अपनी काया में पूरी क़ायनात देखना चाहती है, तो इस बार, बस तू लिख।

तू लिख के लफ़्ज़ आज़ाद है तेरे।

और आज़ाद लफ़्ज़, उसकी रूह को भी आज़ाद करके ही साँस लेते है।

*****

सवालों का सफ़रनामा :

1. तुम्हारे जज़्बातों के बयान होने का ज़रिया कौन सा है?

42

It's all about a task

In the world full of status and reels,

being REAL - is a task.

In the world full of intelligence and intellectuals,

staying naive and innocent - is a task.

In the world full of people pleasers,

finding pleasures in li'l things - is a task.

In the world full of being this and being that, staying true

to yourself - is a task.

In the world full of being touched by every next events,

things, videos, personalities, glimmers and glitters,

remaining untouched - is a task.

In the world full of Google and Pinterest, presenting yourself to the dearest one as a complimentary interest - is a task.

In the world full of stealing something from every being, - whether it's a thought, or an idea, just offering your genuine help, with no strings attached - is a task.

In the world full of being seen, being still in your own gene - is a task.

In the world full of swirl and swine, just connected with the no one else but the only source, which is divine - is a task.

In the world full of exaggeration and being busy all the time, keeping calm and doing काम से काम - is a task.

In the world full of proving yourself - ranging from the strangers to your loved ones, just approving yourself every time - is a task.

So, just approve yourself - to do a new mistake, to bake a filthy cake, to take a non-calculated risk, to walk with a pause and not a brisk, to eat that gummy bear, to flaunt that short skirt in the air, to scream out loud and refuse to be the part of a crowd. To whine and whine and whine until you feel an ultimate inner shine.

And in the world full of doing all such tasks until it comes from the core of one's own heart - is the world's most beautiful task.

*****

सवालों का सफ़रनामा :

1. What seems a task for you, something which is not a cup of tea for you anymore.

2. How do you deal with that task?

43

Hey you

Hey you,

You're strong, you're sturdy but you're not a piece of a tasteful furniture that lies just there somewhere in a corner, to decorate someone's home.

Hey you,

You're wise, you've wisdom,

And surprisingly, it's not in your knees.

But above all, you've a voice, too.

And it's kind of a roaring one.

Hey you,

You're doing for all and that too without a pay cheque.

That doesn't mean anyone can check on you all the time.

Hey you,

You're a darling daughter, a charismatic lover, a sweetheart wife, an obedient daughter-in-law, and स्वादानुसार, sweet, mushi-mushi in the rest of your labels.

But above all, don't forget that you're the most beautiful creation of the universe itself, who has given a right just to you - to create the master pieces within and from you. And I'm talking about the larger aspect than giving the birth to a child.

Hey you,

Don't underestimate the power of your ultimate being.

You may not know, but the light you carry, enlightens the paths for many. So, just hold onto it. A bit today, a bit tomorrow, a bit more on the day after tomorrow and the rest would be the history.

Hey you,

Let them try to pack you in a caricature forcefully.

Poor them, :) As they don't know - you're the volcanos.

Hey you,

You may fight, you may forgive.

But darlings, one thing is sure - you can't forget those deep scratches ever.

And what you can't forget - only those will lead you to your path one day.

Hey you,

They may abandon you,

But they can not snatch your well earned abundance from you.

Hey you,

Draupadi greeted Shree Krishna, during her menstrual days. So who are they to stop you, going anywhere in your special days!

Hey you,

I know, sometimes it feels like one would never get to see the light.

But, there's a beautiful light at the end of every tunnels.

There might be a possibility of a pretty rainbow post rain.

And then there's a glorious 15th August over British Raj of actual 89 years!

Hey you,

Yes, you.

You just have had enough.

As you're not a genie in a bottle anymore.

Just need a little dusting off to see the spark, which is still alive in your store.

And this time, make it count and let it shine, girl.

*****

Activities :

1. Let's just make the list of all the current dramas in your life.

   Now, take any pictures of yours.

   Label it as - Good bye drama Queen. We had a great time together.

   Get burnt all the dramas along with its drama queen this time.

2. Now, print this poetry and stick your passport size pic above all.

And write in big letters - HEY YOU! THE QUEEN without dramas, :) I just love your aura. You're the one, I have been waiting for my whole life. Let's just spend the rest of our lives together.

44

सपने का सफ़रनामा

ज़िंदगी किसके सहारे काटी जाए, तो लगेगा कि ज़िंदगी काटी नहीं, बल्की जी के गुज़ारी है। ये जो रत्तीभर सपना तुम बचपन से आँखो में संजोये घुम रही हो, उसी को ज़रा गौर से देखोगी, तो पता चल जायेगा कि मुट्ठीभर ज़िंदगी तो तुम्हारी उसी से आबाद हो जानी है।

चलो, मान लेते है कि अभी के लिए, तुम छोटी और सपना बड़ा सही। लेकिन उस सपने की चद्दर कितनी भी लंबी हो, आख़िर, बुनी तो ज़रूर जा सकती है। एक-एक सिलाई धागे से जोड़े, सपनों की इस चद्दर में मनचाहा रंग भरा जा सकता है। उसमें गिरहें बनना-सुलझना तो लगा रहेगा। पर इन गिरहों से थककर तुम्हारा अपने सपनों की चद्दर से यु मुंह मोड़ लेना- क्या ठीक कहलाएगा?

पता है, ये सपना तुम्हे ऐवे ही नहीं मिला है। उस सपने के लिए तुम्हें चूना गया है। ताकि तुम उस सपने को एक हक़ीक़त का रुप दे पाओ। हो सके तो कभी इत्मेनान से बैठे, मुआयना कर लेना कि आसपास कितने लोग एसे है, जिन्हें सपनों की ये ख़ूबसूरत सौगात नसीब हुई है ? इक्का-दुक्का शायद! तो शुक्रियादा उस ऊपरवाले का, जिसने तुम्हें

उस सपने के लिए चूना है। कभी जब लगे कि ये तो मेरी क़ाबिलियत से दर्ज़नो बड़ा है, तब साथ में ये भी सोच लेना कि तुम ही इसके काबिल हो और इसीलिए ये तुम्हारी झोली में आ गिरा है।

ये जो सपनों की चद्दर के लिए तुम रोज़ सुई में धागा जब पिरोती हो न, तो यक़ीन मानो - तुमसे ज़्यादा, वो ख़ुश होता है, जिसकी ये नेमत है। हा, ये नेमत इतनी बड़ी है, तो क़ीमत भी थोड़ी तो लगेगी ही। पर तुम्हारी मेहनत और लगन, इसकी क़ीमत ज़रूर अदा कर देंगे। बस हो सके उतना इन दोनों से - याने की मेहनत और लगन से अपनी यारी-दोस्ती बनाए रखना। क्यों की, वही एक झरिया है, जिससे ये छोटी सी आँखो में पले बड़े से सपने से तुम्हारी ज़िंदगी आबाद हो सके।

In full faith,

So be it.

*****

सवालों का सफ़रनामा :

1. Just share your dreams verbally, in front of the mirror and observe the twinkles in your eyes.

    P.s.

    तुम्हारी आँखो की चमक प्रमाण है, इस बात का कि तुम्हारा सपना अभी भी मरा नहीं। बस आज से, उसमे थोड़ी सी जान डाल दियो। ताकी वो तुम में साँस ले सके।

45

I'm feeling a home in me

I'm feeling a home in me.

Neither thriving for any glory, nor striving for any excellence.

Just raising my bar and that too by being me.

Yes, I'm feeling a home in me.

Enough of seeking God in the temples and more than enough with kala dhaga, jaap and mannats.

Just looking within and there's him - smiling gracefully from deep down of my immortal soul and bestows his blessings on me.

No wonder, I'm feeling a home in me.

Fed up with the barter system of love from the very sources of known to unknown,

Proudly failed to be fit in this *t&c zone,

And now, acknowledging my wounds by each passing day,

Healing them one by one and assuring me - hey, it's totally okay to have them all.

Yes, I'm feeling a home in me.

Explanation to others, useless.

Proving myself each single time, tiresome.

Negotiating my values, worthless.

Accepting their standards, so not me.

Fitting into the herd, suffocating.

So, finally knowing my worth and acting accordingly.

Sayonara for no more settling for lesser than who I'm actually.

Adios to pint sized servings from the gallon sized offerings.

So yeah, I'm feeling an ecstatic home in me.

I'm feeling a home in me.

Because of the beautiful lessons, I learnt.

Because of the gorgeous mistakes, I've done.

Because of the buried stories within.

Because more of my failures than wins.

Because of my obituary than fb LinkedIn.

And lastly, because of my inner child, who is cheering the most within.

And that is why, it's the divine feel to feel a home in me.

*****

Questions :

1. How much do you feel a home in yourself? Rate accordingly from 1 to 10.

   - Spiritual

   - Carrier

   - Relationship

   - Finance

   - Peace

   - Family

2. In above, reflect on high rating first and followed by the low rating with the most fundamental question prompt - "why?"

46

सलाम-ए-जज़्बा

धनिया ख़त्म होने के बाद भी तुम जब बाहर से धनिया मंगवाए सब्ज़ी को सुंदर से सजाती हो,

तब यकीन मानो, सब्ज़ी के साथ तुम भी थोड़ी सी ओर ख़ूबसूरत लगने लगती हो।

Board meetings को pause कीए, जब तुम पहले अपने बच्चे को doctor दिखाने ले जाती हो,

किसी ने आज तक तुमसे शायद कहा नहीं,

पर ये ज़िम्मेदारियों के दायरों में तुम ओर निखर के आती हो।

Hostel में रोज़ रात फ़ीका खाने पे भी तुम जब घर पे call किए तरह-तरह के menu बतलाती हो,

ये याद दिलाता है कि तुम्हे सिर्फ़ 2 ही चीज़ों की परवाह है - अपने सपनों की और साथ में अपनो की भी।

माहावारी में भी जब मेहमानों का अच्छे से स्वागत कर पाती हो। हालाकि, ये तो बिना किसी credit के, तुम्हारे so called "फ़र्ज़"में ही गिना जाता है। तो क्या कुछ इनाम रखा जाए, हर महीने की इस menstruation marathon पर?

हड्डियाँ टूटने वाले दर्द से गुज़रे जब बच्चा पैदा कर लेती हो, तो फिर मेरी जान, दिल टूटने पर इतना स्यापा कैसा!

और अगर करना ही है, तो इस बीच अपने सारे अश्कों को ऐवे ही क्यों गवाना ? चलो, ज़रा उन्हें सीपियों में महफ़ूज़ रखना सीख लेते है।

वो दिन दूर नहीं, जब सीपियाँ खूलेगी और उनमें से self-worth के अहसास वाले अनमोल मोती निकलेंगे। ये मोती, निशानी रहेगी, उन सारे अश्कों की, जो एक ज़माने में दिल टूटने पर तुम्हें तोहफ़े में मिले थे।

हां, पता है कि तुम्हे मिलनेवाले तो आशिर्वाद भी तुम्हारे कहा! जब देखो तब कोई न कोई- "सदा सौभाग्यवती भव" - कहके पति की उम्र लंबी किए चल देता है!

"पर बाबूमोशाय, ज़िंदगी लंबी नहीं, बड़ी होनी चाहिए, है न!"

और तुम्हारा तो शायद जनम ही कम समय में हशर पैदा करने के लिए हुआ है।

अरे, चाय में भी शक्कर के साथ कैसे अपनी मीठी आवाज़ घोल लेती हो, यार!

सुबह दूध लेने से रात को दही जमाने तक का सफ़र रोज़ तय करती हो।

दिनभर ऑफ़िसवालो के लिए presentations prepare करने से ले के रात को घरवालो के लिए present रहने तक का स्यापा उठाती हो।

यहां तक की बच्चों के इम्तिहान में भी ख़ुद ही stress में आ जाती हो।

दिल टूटना, boss की डाँट खा लेना, पति से अनबन, बाइ का रौफ़ झाड़ना, बच्चों की मांगे पूरी करना, EMI की किस्तों में भी संसार चला पाना और इस बीच अपने सपने या शौक के ज़रिए थोड़ा-बहोत अपनी ज़िंदगी भी चखते रहना...

तो आज तुम्हारी किसी सिद्धि-प्रसिद्धि के लिए नहीं, पर तुम्हारे रोज़मर्रा के इस जज़्बे को सलाम। जो रोज़ ही गिरना, उठना, संभलना - सब कुछ जानता हो। और अगर कुछ नहीं जानता, तो ये कि रुकना!

*****

सवालों का सफ़रनामा :

1. इतना कुछ करने के बावजूद भी तुम्हारा रवैया अक्सर क्या होता है?

    A) Oh, nothing much I'm doing and it's just a bit!

    B) Thank you for appreciating. Means a lot.

2. Reflect and write.

47

असल गहना

सदियों से चले आ रहे गहनों में से तुम्हारा असल गहना कौन सा है?

लज्जा? शर्म?

Well, सुना तो यही है कि शर्म औरत का गहना होता है।

Public places पे कहीं भी, कभी भी, बिना किसी ज़िज़क़ urination करे वो,

पर शर्म... तो औरत का गहना है!

किसी phone call पे अक्सर ऊंची आवाज़ में बातें करे वो,

पर शर्म... तो औरत का गहना है!

किसी तीसरे इन्सान के सामने अपनो पे भी चिल्लाए, पूरा हक जताए वो,

पर शर्म... तो औरत का गहना है!

सब भूमि गोपाल की माने, पान - मसाले की लाल-भूरी पिचकारियां लगाए वो,
पर शर्म... तो औरत का गहना है!

Public places पे सरेआम private parts scratch करे वो,
जब की एक छोटी सी bra-strap को अंग - प्रदर्शन भी माने वो,
फिर भी शर्म... तो औरत का गहना है!

तुम कैसी हो, दिन कैसा गुज़रा ? ये २ मीठे बोल के बदले, "बस... ये रह गया न तुमसे!" के इल्ज़ाम की रसीद फाड़े वो,
पर शर्म... तो औरत का गहना है!

पति समान रुप धरे, आ पहुँचे इंद्र और इस जमेले में आजीवन पत्थर की मूरत बने अहल्या!
फिर भी, गौतम ऋषि को भला अपने श्राप पे लज्जा कैसी?
क्यों की, शर्म तो पहले से ही सिर्फ़ एक औरत का गहना रही है।

जब की दरअसल, शर्म तो गहना है ही नहीं।
असल गहना है - self-confidence, आत्म-विश्वास।

वो वाला नहीं कि हाँ, चलो वो मुजे इस लिबास में, इस रंग - रूप में पसंद करें। बल्कि वो वाला आत्म-विश्वास कि मैं जैसी भी हूं, जिस भी लिबास में, जैसे भी रंग - रूप में, उसी में पसंद करे - तो बेहतर और अगर नहीं, - तो कोई नहीं। मैं तो अपनी favourite हूं ही।

*****

Activity :

1. मैं आज या इस आनेवाले weekend में, ख़ुद के लिए ये... ज़रूर करूँगी। क्यों की, मैं अपनी सबसे favourite हूं।

48

रोक सको, तो रोक लो

कौन रोक सका है - नदी को, सागर से मिलने से!
हर एक चट्टान से टकरा जाती वो, ख़ुद की ज़रा भी परवाह बग़ैर,
फ़िर भी, अगर रोक सको तो रोक लो।

कौन रोक सका है - बारहमासी को,
दीवार में जड़े डालने से!
औरो को चाहिए होगी, मिट्टी - फूल खिलाने वास्ते,
जब की ये तो बनी है - बेज़ान दीवार में भी बहार लाने के लिए।
फ़िर भी, अगर रोक सको तो रोक लो।

कौन रोक सका है - अगरबत्ती को,
जलने पे भी महकने से!
सीमा, रेखा, दायरे - वो तो रही इन सभी से परे।
वैसे देखा जाए तो, ख़्वाब ही काफ़ी है।

पाबंदी थोड़ी न है चहकने पे!

फ़िर भी, अगर रोक सको तो रोक लो।

कौन रोक सका है - किसी के कुछ बनने - बनाने को!

पर शुक्र है, अब इस ख़ेल की मैं शागिर्द नहीं।

हर रोज़, अपने होने पर भी फ़क्र का इत्र छिड़कना ज़रूरी है, जनाब।

फ़िर भी इस फ़क्र की फ़क़ीरी को गर मिटाना चाहो, तो देख लो। और मेरे होने की ख़ुशबू को रोक सको, तो रोक लो।

*****

सवालों का सफ़रनामा :

1. वो क्या है, जो तुम्हें अपनी उड़ान भरने से रोक रहा है?

2. और अगर वो रोक रहा है, तो तुम रुके क्यों हो? Do you find any valid reason to stop there?

49

विरासत

अल्फ़ाज़

लिहाफ़ - blanket

लिबास - attire

ख़ुशफ़हमी - credulity

मसरूफियत - busyness

किस्तें - instalments

पुश्तैनी - ancestral

क़ीमती असासा - properties

साहिल - sea shore

माँ, मुजे विरासत में कुछ नहीं चाहिए तुमसे, कुछ भी नहीं।

क्यों की, तुम वही दोगी, जो तुम्हें भी तुम्हारे अपनो से मिला है।

पर इसमें तुम्हारा क्या दोश, सदियों से संसार का यही तो सिलसिला है।

पर ये रवायत आज मुजे तोड़नी है।

इस विरासत के बिना भी, कोइ नये सीरे से ज़िंदगी जी सक्ता है - ये हक़ीक़त आज इसमें जोड़नी है।

अगर थक के चुर भी हुइ हो, फ़िर भी "Being good all the time" के चमकदार लिबाज़ का चोला पहने घूमती रहती हो।

मुजे मेरे "being real" वाले सादे, सफेद लिबाज़ पे नाज़ रहने दो।

माँ, तुम्हारी विरासत तुम्हें मुबारक़। मुजे मेरा क़ीमती असासा ख़ुद ख़ोज लेने दो।

मरने के बाद तो लोगों ने बहोत वाहवाही करनी है तुम्हारी। क़ाश की तुम जीते जी आधी भी बटौर पाती, माँ।

वो मरने के बाद वाला scene ज़रा सा dicy है मेरे लिए। और वैसे भी अब ये चुग़ली, तानो की आदत सी बन चुकी है।

तो माँ, तुम्हारी वाहवाही तुम्हे मुबारक।

मुजे मेरी ख़ुशफ़हमी में जी लेने दो।

संसार के भँवर में ऐसी उलजी कि शायद ही कभी नीकल पाई तुम,

घर की ज़िम्मेदारियों का बोझ ढाए, कभी फुरसद के 2 पल भी चेन से जी पाई तुम।

तो माँ, तुम्हारी मसरूफ़ियत तुम्हें मुबारक।

मेरी जिज्ञासा को उसका साहिल ख़ुद ढूँढ लेने दो।

घर की बुनियाद हील जाए माँ, अगर तुम्हें ज़रा सा जुकाम भी हो जाए,

कंधे तो तुम्हारे बहोत नाजुक से दीखते है!

पर अफ़सोस, सिर्फ़ ख़ुद की हसरतों के रेशमी लिहाफ़ को छोड़, ज़मानेभर का क्या ख़ूब बोझ ढाए फिरते है!

तो माँ, तुम्हारे ख़यालात तुम्हें मुबारक।

मुजे मेरी कहानी इस बार, ख़ुद ही लिख लेने दो।

घर में, ऑफ़िस में सब सही से करने वाली, ख़ुद के साथ इतना ग़लत कैसे सह गई तुम!

"लोग क्या कहेंगे"ये सोच-सोच अपनी ख़ुशियों के लिए भी ज़िंदगीभर किस्तें भरती रही तुम!

तो माँ, तुम्हारे ये सारे मसलें, मशक़्क़त और कशमकश तुम्हे मुबारक,

मुजे मेरी नज़्म कभी तो सुना लेने दो।

कहते है, भगवान हर जगह ख़ुद नहीं पहुँच पाता, इसीलिए तुम्हे भेजा है।

ख़ैर, इससे घीसा-पीटा concept तो मैंने आज तक नहीं देखा है।

अगर यही सच होता तो, सज़दा उपर देख के नही, तुम्हे पास बिठाये कीया जाता न माँ!

तो माँ, ये credit due वाला scene तुम्हे मुबारक,

मुजे मेरा appraisal ख़ुद ही set कर लेने दो।

तो बस इसीलिए माँ,

तुमसे मिली विरासत से तो लगता है, शायद मेरा दम घुट जाए!

तो ये पुश्तैनी पूंजी किसी और को मुबारक, माँ।

मुजे तो बस मेरी तलाश ख़ुद ही कर लेने दो।

*****

सवालों का सफ़रनामा :

1. वो कौन सी एसी चीज़ है, जो तुम्हे किसी ओर से नही बल्कि ख़ुद से चाहिए ? What exactly are you seeking in and from your life?

50

तो क्या मुमकिन है कि

उस दिन इतवार के इश्तेहार में आधा पन्ना भरे, घूम - फिरे एक ही चीज़ थी। NRI लड़के के लिए - fair, slim, tall, smart, educated, religious - लड़की चाहिए। फ़र्क था, तो इतना कि divorcee के सामने - same to same candidates चलते, तो कवारों के सामने भी उनके हिसाबवाले same to same.

So, the thing is - fair, slim, tall, smart, educated, religious. That's it.

Really!

तो क्या मुमकिन है कि,

तुम मेरे जिस्मानी रंग को ना देखे, मेरे जज़्बातों को जानो! "रिश्तेदार"नामक ज़रिए के बदले, तुम ख़ुद - मेरी रूह को एक सलीके से पहचानो!

तो क्या मुमकिन है कि,

तुम मेरा body weight ना देखे, मेरी किताबों का वज़न देख पाओ!
36 24 36 को नज़रंदाज़ किए, तुम मेरी - पढ़ी हुई किताबों के highlighted parts पे भी ज़रा सा गौर फ़रमाओ!

तो क्या मुमकिन है कि,

मेरी ऊंचाई का नाप, measure-tap के बदले - मेरे सपनों की ऊंचाई से नापा जाए!
उसकी उड़ान की गति को बयान करते, मेरे desk board के pin किए quotes को, तुम से थोड़ी सी भी तवज्जो मिल पाए!

तो क्या मुमकिन है कि,

तुम्हे smartness से ज़्यादा मेरी kindness छु पाए!
तुम ये देख सको कि how I treat people in my daily life. The small gestures like a beautiful smile with a greeting to the security guards, an extra tip for the waiters and being childlike with the kids. Trust me, these all nourish my soul and perhaps more than them. पर काश कि तुम ये देख सको!

तो क्या मुमकिन है कि,

Convent education के बदले तुमसे थोड़ा-बहुत ज़िंदगी के असल learnings - unlearning के बारे में भी बातचीत हो पाए!

तुम past के boyfriends की गिनती के बदले ये भी पूछ सको कि कितना travel किया, क्या दिलचस्प लगा? जब तुम दुःखी होती हो, तो कौन सा गाना पसंद करती हो? कौन सी वो एक ख़ाने की चीज़ है, जिसे देखकर तुम्हारे चेहरे पे instant 440 watt की मुस्कान आ जाती है? पढ़ाई में कौन सा subject पसंद हुआ करता था? कौन सी वो एक फ़िल्म है, जो तुम lifetime recommend करना चाहोगी? Triggers क्या है? कौन सी ऐसी एक बात, जो भूले से भी तुमसे कोई भी कह जाए, तो तुम तिलमिला उठती हो? हार को तुम किस नज़र से देखती हो? गलतियों का जश्न मनाना चाहिए - इस बात से तुम कितनी सहमत हो? In short, काश कि तुम convent के सामने, real education के मायने भी समज सको।

तो क्या मुमकिन है कि,

तुम्हारा religious की demand करना और मेरा spiritual होना - शब्दकोश में ये दोनों ही लफ़्ज़, एक ही पन्ने पर आ जाए!

सुबह - सुबह, सूर्य को अर्घ्य देने के बजाए, मैं पंछियों को पानी दे आऊ!

पूजा - पाठ और भजन - कीर्तन के शोरगुल से परे, मैं बगीचे में पौधों से ज़रा सी गुफ़्तगू कर पाऊ!

तो क्या मुमकिन है कि,

अब की बार से, सिर्फ़ मेरा होना ही तुम्हारे लिए काफ़ी हो पाए!

ताकि समाज के सामने - fair, slim, tall, smart, educated, religious - इन सभी अल्फ़ाज़ों के सही मायने रखे जाए!

*****

सवालों का सफ़रनामा :

1. कल को अगर आइना और weighing scale दुनिया से गुम हो जाए, तो तुम क्या महसूस करोगी?

2. तुम्हें रोज़मर्रा की किन चीज़ो में validation की ज़रूरत पड़ती है?

51

चल, जलते है

ये जो भूख है तेरी,

कुछ बनने की, कुछ कर दिखाने की,

चाहे कितने ही इल्म आज़मा ले,

मिटेगी नहीं अब और किसी से भी,

तो फ़िर, इस बार चल, जलते है।

माना कि राह कठिन है और तू इंतज़ार में है - सही मौके की, सही लोगों की।

पर शायद तु बेख़बर है इस बात से कि तेरा मक़ाम भी तो वही खड़े अहल्या बने, आज भी तेरा रास्ता ताक रहा है।

सहि मौका, अगर पूछे तो आज और अभी।

और रही बात सही लोगों की,

तो फ़िर इस बार एक तू, एक उपरवाला और ज़रा सा हौसला, स्वाद-अनुसार डाले,

चल जलते है।

कहते है, दुनिया में युद्ध ख़त्म हो गए।

पर मंज़िल तक पहुँचानेवाला हर एक दिन, किसी भी युद्ध से कम नहीं।

तो आज से, सब्र का कवच और श्रद्धा का हथियार, नींद के समय भी, सीने से लगाए रखते है।

तो हां, इस बार, चल जलते है।

माना कि तू सूरज ना बन पाए तो ना सही,

पर तेरा दीया बनकर इस जहां को रोशन करना भी अनमोल है।

सिर्फ़ तू जलने से कतराना छोड़ दे।

आज तक, बिना जले - कोई बाती, अगरबत्ती या मोम अपनी रोशनी या ख़ुशबू नहीं बिख़ैर पाए।

हो सके तो अब, तू भी ये सच मान ले कि तेरे जलने से ही तू रोशन है और तेरे मिटने पे तू मुक़म्मल।

तो अब देर किस बात की,

चल जलते है...

जब तक - हर कसक एक कशिश, और हर कशिश - एक कोशिश ना बन जाए - इस बार, तब तक नहीं ठहरते है।

तु देख ज़रा, अपनी आँखें खोल,

पूरी कायनात तेरे साथ खड़ी है।

तो फ़िर, फ़ेक दे ये चोला आज से, डर और जिज़क का।

और अपनाले ये लिबास - ख़ूबसूरत जलन का।

और अब...!

चल जलते है।

चल जलते है।

*****

सवालों का सफ़रनामा :

1. What is that one desire, you're craving for.

2. What are the steps to be taken to fulfil that very desire of yours?

3. Just imagine yourself to accomplish that desire. Now, Let your emotions flow and write them down.

52

आपकी Dreamgirl

Dearest ख़ुशी के पापा,

उम्र के 50 साल हो गए जी, आपके साथ गुज़ारे। पर आज भी आपका नाम जुबान से यही निकलता है - ख़ुशी के पापा।दरअसल वो क्या है न कि हम चाहे कितना भी बदल ले ख़ुद को, पर क्या करे, कुछ आदतें बदलने से न, जी ज़रा कतराता है मेरा!

सोचती हूँ आज Once upon a time से शुरू ना करु। क्यों की बताने लायक कुछ ख़ास तो है नहीं। बस यू ही सालों से चला आ रहा एक जैसा इतवार ही तो है। जहां सुबह-सुबह terrace garden में हम दोनों ही बैठे, अख़बार की सुर्ख़ियों की जगह अपनी-अपनी ज़िंदगी की सुर्ख़ियां बटौरने में लगे है - और वो भी पूरे हफ़्तेभर की! Like, what's going on in our lives? At what space, we're in? - Mental, physical, spiritual and soul wisely. जहां हम दोनों ज़्यादा कुछ तो नहीं करते, सिवाय एक - दूसरे को इत्मीनान से सुनने के अलावा! हां, कभी-कबार, गर सामनेवाले को राय चाहिए

होती, तो अपने हिसाब से जो सही लगे वो दे देते। शुकर है, थोपने पे तो नहीं आए आज तक! ;))

तो बस आज वही इतवार है और मैं यु ही sun-bath लेते, आप से बातें कर रही हूँ। Infect, पिछले 15 सालों से, हर इतवार का routine है ये मेरा। लेकिन अब झरिया रहता है - काग़ज़ और कलम। मुजे ये तो नहीं पता कि मेरी ये Sunday special सुर्ख़ियाँ ज़मीन से आसमान तक का सफ़र तय भी कर पाती होगी या नहीं! पर इतना मालुम है कि आप जब एक इत्मीनान से इतवार को मुजे 15 साल पहले सुना करते थे, तो मैं - ख़ाली ज़रूर हो जाती थी। और उस ख़ालीपन से शुरू किए नये हफ़्ते में, एक बार फ़िर से नई चीज़ें भर जाती थी! वो कहते है न, कलम में बहोत ताक़त होती है। शायद इसीलिए मैं हर इतवार कलम की वो ताक़त के झरिये ठीक वैसा ही ख़ालीपन महसूस कर पाती हूँ।

अब चलिए नीचे ज़रा, इतवार की जलेबियां ठंडी हो जाएगी ; कान्दे-पोहे भी तो होते है - साथ में। Sunday special का तो मज़ा ही क़रारा है। आज भी सारेगामा carvaan पे किशोर कुमार के गाने लगाए सुनती हूँ। वैसे कभी आप से कहना नही बना, पर जब - जब आप चाय की चुस्कियों के साथ किशोर कुमार के अंदाज़ में अंतरे गुनगुनाते थे, तब आपका मुखड़ा काफ़ी हसीन, ख़ुशनुमा और जानलेवा लगता था।;)) वैसे ख़ुशी के पापा, हमारे घर में आज भी चाय तो 2 cup ही बनती है।

अब ये रहा, सब्ज़ियों का लिस्ट। कंधे पे झोला टिकाए, कैसे निकल पड़ते थे आप!! :) और फूलों के गजरे के बिना तो कभी आए ही नहीं घर वापस। पता है, अब तो सब्ज़ीवाला गली से रोज़ ही निकलता है। पर हमारे घर तो आज भी सब्ज़ियाँ इतवार को ही आती है। बस फ़र्क सिर्फ़ इतना है कि अब झोला, मेरे कंधे की शोभा बनता है। लगे हाथों, शांताकाकी से 10 रूपये का गजरा भी ले ही आती हूं। फ़िर आईने के सामने जब गजरा लगाये ज़रा सँवरने लगती हूं, तो माशाअल्लाह आइना भी शरमा जाता होगा! वो क्या है ना कि, ये झुर्रियों के गहने, हम पे अब ज़रा से जचने लगे है ;) और तभी मैं सोचू कि हर इतवार, bedroom में रखी, ये मसूरी के मॉल रोड वाली sketch तस्वीर में आपकी मुस्कुराहट, ख़ासकर, इस लम्हे में, इतनी बड़ी कैसे लगने लगती है! :)

इतवार दोपहर तो ताश के पन्नो में और सुडोकू के काग़ज़ में समा जाती। आधे से ज़्यादा समय तो रानी और बादशाह के स्यापे में ही चलता।

मैं कहती, "अरे, एसे कैसे cheating किए, हर बार हारना पसंद करते है आप!"

तो आप कहते, "अरे गिनी, तुम्हें नहीं पता, हार कर जीतने वाले को बाज़ीगर कहते है।";)

और मैं कहती, : "हा, हा, ये dialogue बोलने से कोई शाहरुख नहीं बन जाओगे आप।" ;))

तो आप भी कहते, : "मैं शाहरुख़ ना सहि, पर आप तो मेरी Dreamgirl है।"

और हाँ, आज भी, शाहरुख़ मुझे आप से कुछ ज़्यादा ही पसंद है। ;)

इतवार को जब शाम को नहाने आप bathroom में जाते, तो kitchen में ही मैं आपका dialogue गुनगुना लेती, "गिनी, तुम्हे कितनी बार कहा है, बिंदी निकाले, आईने पे मत लगाए रखो। शीशे में से ये ज़िद्दी दाग़ निकलते नहीं फ़िर।" जनाब, तब तो आप थे, तो बिंदी निकाल लीया करते। पर अब मैं नहीं निकालती।

दरअसल, वो क्या है ना, ख़ुशी के पापा कि हम चाहे कितना भी बदल ले ख़ुद को, पर क्या करे, कुछ पुरानी आदतें बदलने से ना, जी ज़रा नहीं, अब तो कुछ ज़्यादा ही कतराने लगा है मेरा! और अब आप तो आदत बन चुके है मेरी - जब साथ थे तब भी और आज जब साथ नहीं हो तब भी।

खैर, अगले इतवार, जा रहे है हम, सफ़र पे। हा, हा, हम बिल्कुल ख़याल रखेंगे अपना। ज़रूरत का सामान साथ में ही रखेंगे। गरम कपड़े सही से ले लेंगे। दवाईयां भी वक़्त पे खा लेंगे। और आप को भी साथ ले जायेंगे - अपनी एक अच्छी वाली आदत समजें। चलिए, अब चाय और जलेबियां ठंडी तो मैं भी ना खा पाऊ। तो अगले इतवार, फ़िर मुलाक़ात होगी। नये कागज़ और पुराने आप से। ख़याल रखियएगा अपना।

आपकी इकलौती,
- गनिी- the Dreamgirl.

*****

सवालों का सफ़रनामा :

1. Who is that one dead person in your life, whom you miss a lot?

2. Write a letter to him/her rightNOW.